新版 未来分析

健全に苦悩するために

守屋國光 著

風間書房

父と母と兄と妻子に、そして、これまでお世話になった全ての方々に捧げる

まえがき

われわれ人間は未来を選択しそれに向かって生きていける自己決定の自由を有していること、未来の視点から過去を意味付け直すことさえ可能であること、などの点から、私は、未来分析を提起し、発達人間学という新しい発達科学の研究領域を提唱した。それは、人間にだけ認められる時間的自我に着目し、未来という視点から発達観、教育観、人間観を構築していこうとするものである。

発達人間学とは、意志未来の問題などのように、他の動物には見られない人間の独自性に焦点を当てた新しい発達科学の研究領域を意味している。発達人間学という用語は私の造語であり、公には一九七六年の著書の題名として用いたのが最初である。

発達人間学の主要な理論であり実践である未来分析は、人生を創造的発達の過程と捉えている。未来分析は、人間のみが有する時間的自我への働きかけの手法であり、具体的には、われわれ人間存在にとって未来がいかに重要な役割を担っているかということに気付かせて、未来に目を向けさせ、未来のもつエネルギーを活用させることである。私が未来分析で強調したい点は、どのような過去を持ち、どのような現在にある人でも、未来の視点から、そうした過去や現在を意味付け直すことが可能であるし、したがって、もし望むなら、そうした過去や現在とは独立した新たな人生を展開していくことも可能であるということである。換言するならば、人生はその前半生で進路が決められてしまう弾丸のようなものでは決してなく、自由意志という舵を操って進路をその折々に自己決定していく船のようなものであり、その舵がどこまで有効に操られるかは意志未来の行使の如何によっているという点である。しかも、意志未来によって人生の軌道修正を図ることは、何歳になっても可能であるという点である。

人生はどの段階であれ、新たな挑戦が可能であり、新たな生き方が可能である。生涯にわたる人間の発達過程には、人生を創造していくという意味が込められているのである。

本書は、未来がもつクリーン・エネルギーを活用した日々の健康な生き方を、私自身の体験を踏まえて論考したものである。表題を未来分析としているが、それは従来の過去や現在を分析する立場に対して未来を活用する立場を明確にしたいと考えたからである。副題で示したように、本書はまた、健全なる苦悩の仕方についても模索したものであり、その点からすれば苦悩学の書と言うことができる。本書が、人間は精神的には過去や現在からよりも、むしろ未来から生きるエネルギーを得ているのだ、ということの理解に少しでも役立つことを心から願っている。

本書の初版は、一九九八年にナカニシヤ出版から刊行されたが、長いこと絶版となっていた。幸いにも、この度、改めて風間書房から新版として刊行されることになった。お世話になった社長の風間敬子氏に心から感謝申し上げたい。

新版では、初版の各章は手を加えないことを原則とした。新たに加えたのは、第一章の冒頭の五行と、第四章の「六　動機づけの問題」、第五章の「五　時間的自我と進化」である。これらは姉妹書である『発達教育論』（二〇〇四年）と『自我発達論』（二〇一〇年）から該当する箇所を取り出して加えたものである。また、本文の理解を深めてもらうために、註の数を増やすなど充実を図った。

本書がこうして出来上がったのは何よりも先ず父と母のお陰である。父はもうこの世の人ではないが、母は百四歳の誕生日を先月無事に迎えている。あの世とこの世で常に優しく見守ってくれている両親に改めて心から感謝したい。また、いつも何くれとなく気遣ってくれる兄と、目立たぬように支えてくれている妻子にも、心から謝意を表したい。さらに、これまでの人生でお世話になった皆様に心から感謝申し上げたい。たくさんの人々に支えられて人生の大きな節目を元気に迎えられた幸せを、今しみじみとかみしめている。[1]

令和二年二月二十四日

『新版 未来分析』に七十五年の感謝を込めて　　守　屋　國　光

目次

起伏のある人生は、平坦な人生の何倍も生きることができる。[2]

第一章　苦悩と努力

本書は、未来を活用した日々の健康な生き方を、私自身の体験を踏まえて論考したものである。まえがきでも述べたように、書名を未来分析としたのは、従来の過去や現在を分析する立場に対して未来を活用する立場を明確にしたいと考えたからである。本書が、人間は精神的には過去や現在からよりも、むしろ未来から生きるエネルギーを得ているのだ、ということの理解に少しでも役立ち、勇気と希望と叡智に満ちた創造的な人生を歩み始める契機となることを心から願っている。

最初に、私がどのような経緯から未来分析を着想するに至ったのか、そのことについて述べてみたいと思う。

一　苦悩の体験

私が未来分析について考え始めたのは、既に四十数年前のことになるが、私がある苦悩に直面した時のことであった。無論のこと、それまでにも私は苦悩らしきものを人並みには体験してきたつもりであった。しかし、それらはいずれも日が経てば色褪せていき、いつの間にか日々の生活のなかに紛れてかき消えて行ってしまうような類のものに過ぎなかった。ところが、その時の苦悩はそれまでのものとはかなり様相が異なっていた。日が経っても色褪せていくどころか、ますます鮮明になり、ますます肥大化していくようにさえ思われたのである。とても重苦しい毎日であった。

そのような苦悩の日々の最中で、私はふと苦悩している自分の姿に気付く機会があった。それはちょうど夕暮れ時の帰宅途中の電車内でのことであった。何かの拍子に車窓に映っている自分の顔にふと気が付いたのである。この体験は少し奇妙であった。何故ならば、私の顔はそれまで毎日夕暮れ時の車窓に映っていたはずであり、私はそれを恐らくは毎日見かけていたはずだからである。それなのに、その時までは車窓に映っている自分の顔にまるで気付かなかったのである。今思うに、その時の苦悩はそれほどまでに深かったのであろう。私はすっかり苦悩の虜になってしまっていたのである。

私がその時車窓に見た自分の姿はまるで別人のようであった。すっかり生気を失っている自分の顔に気付いた時に、私は慄然としたものを感じたことを覚えている。このままでは自分はいずれおかしくなってしまうのではないか。そのような不安が一瞬私の脳裏をかすめたからであった。その時、私は思い起こすともなく学生時代に聴いたある講義内容のことを思い出していた。それが何の授業で誰の講義であったのかは今では定かではないが、人が苦悩の窮みに立ち至った時にどのような行動に走る可能性があるのかについての話であったという記憶がある。その内容を要約すれば、一つは宗教に逃れること、一つは異常になること、もう一つは自殺すること、の三つであったかと思う。そのことを突如思い出した時に、私はある種の焦りのようなものを感じ始めた。確かにこれらの道をたどる人たちがいる。このままの状態が長く続くことになれば、自分もいずれはそのような道をたどっていくことになるのかもしれない。自分は一体どうなっていくのだろうか。このまま異常になっていくのだろうか。それとも自殺するようなことにでもなるのだろうか。いや、その段階に至る前に何とかしなければいけない。その時、そのような焦りが俄かに募り始めたのである。

苦悩の窮みにある者がたどる可能性のある前述の三つの道は、いずれも現実の世界から別の世界へ逃避していくという点では共通している。すなわち、宗教に逃れることは俗的な世界から神仏の加護のある聖的な世界への逃避であり、異常になることは正常な心性の世界から異常な心性の世界への逃避であり、また、自殺することはこの世からあの世への逃避ということになろう。したがって、これらはいずれも、別の世界に逃避してしまうことによって現実の苦悩を不問に付すやり方である。確かに苦悩への一つの対処方法には違いないが、これらの方法によって一度別の世界へ行ってしまうと、元の世界に容易にあるいは再び戻っては来られなくなるという、取り返しのつかない結果となりかねない。これらの道をたどった場合の結末については、身近な幾つかの事例を通して自分なりに承知していただけに、こうした対処方法に身を委ねることだけは何としても避けなければならないと、その時の私は考え始めたのであった。

振り返ってみれば、私もその時まではこうした方法に近いことをやってきていたのである。確かにその時まで私がしてきたことは、苦悩の現実から逃避すること以外の何ものでもなかったのである。時には現実の忙しさや遊びのなかに苦悩する身を紛らせようとしたり、時には深酒によって苦悩を忘れようとする毎日であった。そして、その結果はいずれも束の間の逃避に終わってしまっていた。逃避から覚めて我に返った時に再びよみがえってくる苦悩は、以前にもまして耐え難いものに思われた。結局あれこれあがいてはみたものの、苦悩から逃れることはできなかったのである。気にしないようにしようとしても気になってしまうから苦悩するのであり、忘れようとしても忘れることができないから苦悩するのだ。そんな諦めとも悟りとも言えぬ心境に至り得たのは、なお多くのことをいたずらに試み続けた後のことであった。

深い苦悩の状態は、進むことも退くこともできない閉塞状態である。時には、もがけばもがくほど呑み込まれていってしまう泥沼状態にもなりかねない。そうした状態から脱却する方法は逃避以外にはないのであろうか。一時的な逃避は、それから覚めてしまうと苦悩が再び鮮明によみがえってきてしまうし、永続的な逃避は、容易にあるいは再び戻っては来られない別の世界に行ったきりになってしまいかねない。いずれにせよ、逃避は苦悩への望ましい対処方法とは言い難いようである。逃避する以外には、こうした苦悩の状態から脱却する方法はないのであろうか。

その時以来、私は苦悩することにこだわり始めたのである。今にして思えば、それはとても幸いなことであった。そのことによって、私は苦悩の最終段階に至ることを免れたからである。苦悩することにこだわり始めたその時から、私と苦悩との関係に変化が生じ始めた。苦悩に追い詰められる側にいた私は、苦悩を追い詰める側に立ち始めた。つまり、苦悩する立場から苦悩を問う立場に変わり始めたのである。そして、こうした立場の変更により、私にとって、苦悩はそれまでの苦悩とは違った意味を帯び始めてきたのである。いつしか私はいわば苦悩学への道に足を踏み入れていたのである。

二　苦悩とは何か

人生にはさまざまな苦悩が待ち受けているように思う。出来ることならそうした苦悩に直面することなく人生を過ごしたいと願うのは人情というものであろう。しかし、人は誰であれ人生を生きていく限り、多かれ少なかれ苦悩を体験することになる。「楽あれば苦あり」とはまさしく人生を言い当てているように思う。否、人によっては人生は苦悩の連続だと感じている人もいるかもしれない。

苦悩に直面すると、当然のことながら、人はその解決を図ろうとさまざまなことを試みるに違いない。しかし、苦悩の解決は容易なことではない。だからこそ苦悩するのである。苦悩が容易に解決し難いものであることが分かると、人は苦悩の現実を直視することをやめて、そこからの逃避を試み始めるに違いない。しかし、極端な逃避を試みない限りは、どのようにあがいてみても、苦悩はあたかもわれわれの影のように、どこまでもわれわれに付きまとってくるものである。そこがまた苦悩の苦悩たる所以である。苦悩は、それを容易に解決し難いが故に、また、それから容易に逃避し難いが故に苦悩なのである。

深い苦悩に陥ると、人はそれ以外のことをなかなか考えられなくなってしまうものである。苦悩はまさしくわれわれを虜にしてしまう。苦悩のために正常な日常生活が阻まれることも稀ではない。それどころか、苦悩は時にわれわれの人生を台無しにしてしまうことさえある。実際、苦悩に押し潰されて自らの人生を放棄する人もいる。そのような事例は日常しばしば見聞されるところである。したがって、このような危機を避けるために苦悩にどう対処すれば良いのかは、長い人生を生きていく上でとても重要な問題である。この問題に対する自分なりの解答を見出すために、私は苦悩とは何かを問い始めたのである。

苦悩とは何か。この問題はただ正面から問いかけてみても、ありきたりの答えしか得られそうにない。そのような問いかけ方では、文字どおり、苦しみ悩むこと、という答えに終始しかねない。ここで必要なのは、なぜ苦しみ悩むことが時には自らの人生の放棄にまで至ってしまうのか、という点についての解答である。したがって、この点に答えるためには、苦悩を少し角度を変えて捉えてみる必要がありそうである。そこで私は、苦悩を一種のエネルギー現象にたとえて考えてみたのである。

深い苦悩の状態にある時には、われわれの意識は絶えず苦悩の種にこだわっていて、それ以外のことには及ばなくなってしまっている。この状態をエネルギー現象にたとえて考えてみるならば、次のように表現してみることができる。すなわち、苦悩とは、ある一点にわれわれの精神エネルギーが集中している現象である。苦悩の状態にある時には、われわれの精神エネルギーはある一点に、つまり、苦悩の種に集中してしまっていて、他の所には向かわなくなってしまっている。そして、それは、苦悩が深ければ深いほど一層顕著であると考えられる。

ところで、このような精神エネルギーの集中現象は苦悩の場合にだけ見られるものなのであろうか。同様の現象は他にはないのであろうか。そのように考えてみた時に思い当たったのが、一般に努力とよばれている現象であった。努力もまた、われわれの精神エネルギーがある一点に集中している現象ではないか。そうだとすれば、苦悩も努力も、精神エネルギーの集中現象という点では共通していることになるのではないか。では何故、同様に精神エネルギーの集中現象であるにもかかわらず、一方は苦悩とよばれ、他方は努力とよばれるのであろうか。両者は一体どこが相違しているのであろうか。私はしばらく苦悩と努力の相違点について考えてみた。

両者の相違点について考えてみると、次のような諸点を指摘してみることができる。

第一に、苦悩の場合には未来が閉ざされているという印象があるが、努力の場合には未来が開かれているという印象がある。つまり、未来が閉ざされていると感じるためにわれわれの精神エネルギーが過去もしくは現在にしか向かわない閉塞状態が苦悩であり、未来が開かれていると感じるためにわれわれの精神エネルギーが未来に向かう開放状態が努力なのではないかと考えてみることができる。

第二に、苦悩の種は過去もしくは現在に属する事柄であるが、努力の種はいわゆる目標とか目的といった未来に属する事柄である。苦悩の場合の精神エネルギーの集中現象は過去もしくは現在の苦悩の種を中心にして成立していると考えられるが、努力の場合の精神エネルギーの集中現象は未来のいわゆる目標とか目的を中心に成立していると考えられる。

第三に、したがって、苦悩の場合には出口がなく空転しているという印象があるが、努力の場合には出口があって発展していくという印象がある。苦悩では精神エネルギーが無駄に空費されているという印象が強いが、努力では精神エネルギーが有効に活用されているという印象が強い。

第四に、苦悩は余儀なくそうさせられる受動的現象であるが、努力は敢えてそうする能動的現象である。苦悩は、われわれの意思に反してある一点に精神エネルギーが集中させられてしまう受動的な現象であるが、努力は、われわれが意識的に精神エネルギーをある一点に集中させている能動的な現象であると考えられる。

第五に、苦悩にはある種の疲労感や沈滞感や空虚感が伴うなど、全体として不健康で不健全なネガティブな雰囲気があるが、努力にはある種の活力感や躍動感や充実感が伴うなど、全体として健康で健全なポジティブな雰囲気がある。

このように、苦悩と努力は、精神エネルギーがある一点に集中している現象であるという点では共通しているが、未来が開かれているかどうか、未来に向かっているかどうか、われわれの意思に基づいたものであるかどうか、健康で健全な雰囲気があるかどうか、といった諸点で相違していると考えられる。

三　苦悩から努力へ

ここまで考えを進めてきた時に、私はふとある重要な事柄に気が付いたのである。それは、苦悩を努力に変えることがあるいは可能なのではないか、という点であった。

前述の苦悩と努力の相違点を相互に比較してみると、未来が開かれているのかどうかが両者の最も根本的な相違点であり、他はいずれもここから派生している相違点であることが理解できる。したがって、苦悩と努力の相違点は開かれた未来の有無という一点に集約できそうである。そうだとすれば、一見してまったく無関係に感じられる苦悩と努力が、実は意外に近い関係にあることになる。すなわち、苦悩と努力は未来が開かれているかどうかによって分かれた表裏の関係をなす意識状態である、と考えてみることができる。要するに、われわれは、そこに未来が開かれていると感じた時には努力していると感じ、未来が閉ざされていると感じた時には苦悩していると感じるのではあるまいか。もしそうであれば、開かれた未来を付与することによって苦悩を努力に変えることが可能であろうし、逆に、開かれた未来を奪取することによって努力を苦悩に変えることも可能なのではないだろうか。そして、苦悩と努力のこうした相互の関係を認めるならば、苦悩とは不健全な努力であり、努力とは健全な苦悩である、と言い換えることもできるのではないだろうか。

苦悩と努力について考えている時に、私は高校生時代の全校マラソンのことを思い出していた。それは、全校生徒が十キロメートルの距離を走り抜くものであった。走っている最中に私はいろいろなことを考えた。フル・マラソンが四二・一九五キロメートルであることから考えれば大した距離ではないのであるが、途中で走ることが苦しくなってくると、もう走るのを止めようかと何度考えたことかしれない。何のためにこんな苦しい思いまでして走らなければならないのか。そんなことを何度考え、何度投げ出そうとしたことかしれない。しかし、走るのを止めるわけにはいかない。多分、この時の心境は苦悩のそれに近いものではなかったろうか。その時の意識はまったく受け身的であり、自発性がなく、仕方なく走っていたのである。一時的ではあれこのような心境から脱却できたのは、少なからずゴールに思いをはせた時であった。ゴールはあと何キロメートルだ。ゴールまで我慢すれば、後は幾らでも休めるのだ。あと少しではないか。頑張るんだ。苦しくとも頑張るんだ。こう考えた時の状態は努力のそれに似ていたとは言えないだろうか。ゴールという目標を意識できた時にはまさしく努力の状態にあったのではないだろうか。すなわち、今考えると、十キロメートルのマラソンの過程で、一過性のものではあったにせよ、私は苦悩と努力の交錯し合う体験をしていたのだと言えるのではないだろうか。

こうして本書を書いている過程でもまた同様の交錯体験がある。何を書けばよいのか先が見えている時にはまさしく努力しているという充実感がある。しかし、一度つまずいて何を書けばよいのか先が見えなくなってくると苦悩に陥る。そんな時には何もかも投げ出したくなってしまうのである。

これらの例に限らず、人生のさまざまな場面で、われわれは苦悩と努力が錯綜し合う同様の体験を味わっているのではないだろうか。

苦悩と努力の相違の鍵は未来にある。したがって、苦悩に開かれた未来を付与することによって、すなわち、努力に変えることによって、われわれは健全に苦悩することができるはずである。このように考えてみるならば、苦悩を避けるのではなく、また、苦悩から逃げるのではなく、苦悩を努力に変えることを考えてみればよいのではないか。過去もしくは現在の苦悩の種は消し去ることはできないが、苦悩に開かれた未来を付与することによって努力に変えることができるのではないか。あるいは、少なくとも努力的苦悩に変えることができるのではないか。つまり、健全に苦悩することが可能なのではないだろうか。

苦悩は、それを忌避し得ないが故に、それから逃げたりそれをごまかしたりすることができないが故に苦悩なのである。だとすれば、苦悩を受容するしかないことになる。しかし、苦悩を苦悩として甘受することは常人にはできかねることである。そこで、苦悩をわれわれが受け容れることのできる形に変える必要がある。それは、苦悩を努力に変えることである。健全なる苦悩に変えることである。そのためには、苦悩に開かれた未来を付与することが必要なのである。

これが私なりの苦悩についての見解である。

このように、苦悩に陥ったことが契機となって、苦悩について考え苦悩とは何かを問うてみたことが契機となって、私は未来の重要性に気付き、未来分析の着想を得ることができたのである。われわれ人間の存在にとって何よりも重要なことは未来が開かれているかどうかなのだ、ということに気が付いたのである。そして、この時以来、私は未来に限りなくこだわり始めたのである。

第二章　単純未来と意志未来

一　未来のもつ力

その後、未来の重要性について考えさせられる幾つかの出来事が起こった。

一つは、アメリカが打ち上げた月ロケット、アポロ十一号が無事に月面に軟着陸し、人類が初めて月に降り立ったというニュースであった。一九六九年のことである。その当時のわが国の宇宙開発はと言えば、ロケットの打ち上げに失敗している頃であった。そのような折でもあったので、人々はアポロの成功のニュースに驚嘆すると同時に、わが国の宇宙開発の立ち遅れを改めて痛感させられたのである。

巷間ではひとしきり、何故わが国の宇宙開発がこれほどまでに立ち遅れてしまったのかという議論に花が咲いたが、その時の結論は次のようなものであった。すなわち、日米の宇宙開発のレベルの差は財力の差に由来しており、財力の差が科学力の差を生み出し、その結果としてわが国の宇宙開発は大幅に立ち遅れてしまったのだ、とされたのである。それが大方の意見であった。確かに、当時アメリカが宇宙開発のために投入していた予算は膨大なものであり、わが国のそれは比ではなかった。わが国の研究者たちはこぞって、この時とばかり自分たちの研究費の少なさを世間にアピールし、研究水準の低さも研究費が少ないためであるともっぱら主張していた。したがって、一般大衆がわが国の宇宙開発の立ち遅れの理由を財力の乏しさに求めたのは無理からぬことであった。

しかし、私は、財力の乏しさに的を絞って議論がまことしやかに展開されていくのを見聞きしながら、本当にこの理由だけが日米の宇宙開発の差を招来した決定的な要因であったのだろうかと疑わしく思った。この要因に帰する限り、宇宙開発で日本がアメリカを追い越すことなどは絶対にありえないことになる。

当時のアメリカにはアポロ十一号を是非とも成功させなければならない切実な事情があったのではないか、と私は考えてみた。それは、当時アメリカはソヴィエトと宇宙開発競争に鎬を削っていたからである。ソヴィエトは一九六一年に打ち上げたボストーク一号により既に有人宇宙飛行に成功していた。ソヴィエトに先を越されてしまったアメリカとしては、どうしてもアポロ十一号の月面軟着陸を成功させて、人間を月に降り立たせるという離れ業をやってのける必要があったのではないか。そして、こうした切実な未来が、結果としてアポロ計画の成功を導いたのではないだろうか。

必要な条件が満たされなければ事業の成功は望めないと考えるのはもっともなことである。しかし、不十分な条件も切実な未来を描くことによって結果的に満たされるということもありうるのではないだろうか。実力が備わっていたから成功したのだという面だけではなく、成功を目指したが故にそれにふさわしい実力が備わり、その結果成功したのだと考えることはできないだろうか。

たとえば、私は今こうして本を書いているが、それは十分な条件が整ったからこそ可能になったのだと人は言うかもしれない。しかし、正直なところ、決して条件が十分に整ったわけではない。それなのに、こうして本が書けているのは、本を書くのだという目的意識が不十分な条件を満たそうとする能動的な行動へと私を駆り立て、その結果こうして本が書けているのである。そういうふうに考える方が、十分な条件が整ったから書けているのだと考えるよりも自然なように思われる。そして、本が書き上がった時点で初めて、本が書ける十分な条件が整うことになるのではないだろうか。

こう考えてみると、当時のわが国の宇宙開発には確たる未来がなく、したがって、緊張感も欠けていたように思う。ロケット打ち上げの失敗を報じるテレビのアナウンサーにも、それを弁明する当事者にも、また、それを見聞きする大衆にも、わが国の現状では財力の点から考えて失敗して当然であるといった態度がどこかにあり、未来に対する緊張感はまったく見られなかったように思う。

私は、人類の一人として、アポロ十一号の偉業を心から称えたけれども、その一方で、日本人の一人として、わが国では失敗して当たり前という当時の風潮が残念でならなかった。日本は財力や科学力以上に未来力の点で劣っており、アメリカは財力や科学力もさることながら未来力の点で遥かに優れているのだと、その時つくづくと痛感したのである。そして、このアポロ十一号の成功のニュースを機にして、私は未来の重要性を更に一層確信するようになったのである。

未来の重要性について考えさせられたもう一つの事件は、浅間山荘事件から明るみとなった赤軍派と称する過激派グループによる一連の殺戮事件であった。詳細はほとんど覚えていないが、仲間を何人もリンチのあげくに殺害してあちこちに埋めていたという何とも残虐な事件であったと記憶している。それは、この平和な時代にあってとても信じられない事件であった。世間もマスコミも、このような残虐な行為をする人たちにはさぞかし特別な過去があるものと期待したようであったが、しかし、報道などで知る限りでは、彼らの過去にそうした残虐な行為と結びつくような特別な事実は見当たらなかった。結局は、朱に交われば赤くなるといった説明で済ますしかなかったようである。有識者と称される人たちの解説もそのような類のものであったかと思う。

この事件の一連の報道を見聞きしながら、私は、彼らの狂気の源は彼らの過去や現在にあるのではなく、むしろ未来にあるのではないか、と考えてみた。通常われわれが思い描く未来とはかけ離れた未来像を描き、それを見つめる日常が、彼らを、彼ら自身も信じられないような狂気へと駆り立てたのではないだろうか。私はその時そう考えてみたのである(3)。

私はこの事件を考えながら、一方で戦争中に世界の各地で展開された残虐な行為のことを考えていた。それらの行為はその時代が病んでいたことから起因したのであろうが、正確には未来が病んでいたためであったとは言えないだろうか。私には、未来がそう仕向けたと思われてならなかった。われわれ平凡な市民もまた、その未来が病むことになれば残虐な行為の主体者となりかねない。倫理観や道徳観といったものは、その人がどのような未来像を描くかによって大きく変わってくるのではないだろうか。意志の強さや弱さという問題も、結局は未来像の如何によっているのではないだろうか。

実際、こんなに恵まれている人がどうしてこんな犯罪を、と思われる事件が毎日どこかで起こっている。そうした事件は、その人の過去や現在では十分に説明することができない。まさしくその人の未来が病んだためとしか言いようがないのである。

未来の重要性を考えさせられる事件はその後も数多く見聞されたが、もう一つの出来事をここでは取り上げておこう。

それは、私の知人のことである。何不自由なく幸せに暮らしているものと思っていた知人が、ある日突然にその幸せな生活を投げ出して別の生き方をし始めたのである。そのような突然の変身は、どう考えても納得できるものではなかった。人には他人には分からない事情がある。そのような事情を私が知らなかっただけのことかもしれない。しかし、私の知る限りにおいて、彼の変身を納得できるだけの事情は考えられなかった。後日、本人から突然に変身した理由を聞かされた時に、私はやはりそうだったのかと合点がいったのである。彼は幸せを満喫しながらも、心のどこかでいつも平凡な生活に何か物足りなさを感じていたそうである。それが何なのかは当時の彼自身にも分からなかったということである。そのような折に、彼はある人物との出会いを契機に、ある未来像を突如として鮮明に描くことになった。彼は翌日からその未来像の実現のために別の人生を歩み始めたのである。彼の生活は未来との遭遇によって変わったのである。そして、誰も彼を元の平和な生活に引き戻すことはできなかった。彼を最も愛している人たちでさえも、彼を翻意させることはできなかったのである。

人間は確かに未来に向かって生きている。その向かうべき未来の描き方によって、人間は時に信じられない行為をすることもある。未来はそれだけの力をもっている。一連の出来事を吟味しながら、私はそのような確信をますます深めていったのである。

二　意志未来としての未来

ところで、ここで言う未来とはどのような未来なのであろうか。われわれを動かす力をもつ未来とは、一体どのような未来なのであろうか。

この点について考え始めた時に、私はふと中学生時代の英語の授業で学んだ単純未来と意志未来のことを思い出した。私は、その時までは、単純未来と意志未来の問題を英作文における shall と will の使い分けという次元でしか考えたことがなかった。要するに、私にとっては英文法上の一つの問題に過ぎなかったのである。それがその時突如として、単純未来と意志未来の問題こそが人間理解の重要な鍵を握っているのだということに気が付いたのである。

単純未来と意志未来の問題を英語の end という単語で考えてみよう。この単語は、洋画の最後に画面中央に大きく出てくるので、誰にでも馴染みの単語である。end には辞書で調べてみると主として二つの意味がある。一つは「終わり」という意味であり、もう一つは「目的」という意味である。この意味の違いこそは、単純未来と意志未来の相違を如実に反映している。すなわち、単純未来として捉えると end は「終わり」という意味になろうし、意志未来として捉えると end は「目的」という意味になろう。たとえば、マラソンの場面を考えてみよう。マラソンのゴールは、単純未来として受け止めれば走ることが「終わる」点ということになり、意志未来の問題として考えれば走ることが「目指す」点ということになる。ああ、なんでこんな苦しいことをしなければならないのか、と考えている限りは、ゴールは特別な意味を持たずに、単なる終了点である。しかし、今そこに向かって走っているのだという意識になれば、まさしく目的点ということになろう。要するに、客観的には同一の事柄が、われわれの受け止め方、意味付け方によって、一方では終わりとなり、もう一方では目的となるのである。

このように、私が問題にし始めた未来とは、他ならぬ意志未来のことであった。これまでの考え方では、未来は、やがてそうなるという単純未来の点からしか問題にされてこなかった。しかし、よくよく考えてみると、われわれ人間にはもう一つの未来がある。すなわち、それは意志未来である。この意志未来というものを認めるならば、人間の存在は随分違って見えてくることになる。これまでのように、われわれの未来は単に過去・現在の結果として訪れてくるというだけのものではなくなる。それどころか、未来はむしろ、われわれの現在の在り方を規定しているとも言えそうである。

この点に関連して、かつて我が家にいたチビという名の賢い犬のことが思い出される。私はチビにある日こんな命令をしたことがある。「これから家中で旅行に出掛ける。ここに一週間分の餌があるから、おまえはそのことをよく考えて食べなさい」。しかし、いかに賢いチビでも、目の前に出された餌を一週間分に分けて食べることはしなかった。食べたいだけ食べたら後は終わりで、明日のことなどはまったく考えていないようであった。明日はどうしよう、明後日はどうしよう、などと先々のことを考えながら生きていくことができるのは人間だけなのだ、と私はその時思った。

　私の家の押し入れに乾パンや医薬品などが詰まっている青色のリュックサックがある。私が東京都老人総合研究所に勤務していた時に、将来の地震に備えて都の職員全員に配られたものである。幸いにも今日までそれを活用するような事態には遭遇していない[4]が、私はそのリュックサックを見るたびに、人間だけが未来をあれこれと思い描きそれに向けて行動を起こすことができるのだということを実感するのである。未来に不安を抱いたり希望を抱いたりすることができるのは人間だけなのである。

第三章　能力発達と自我発達

未来へのこだわりを具体的な研究テーマの形で探究する機会がやがて訪れてきた。それは、それまで従事してきた人生の前半生の研究から人生の後半生の研究へと、私の発達研究の焦点が移ることになったからであった。

大学に入学して間もなくの頃から、私は発達研究を生涯の研究課題にしようと心密かに決意してきた。発達研究に従事する者は誰でもそうであるように、私の関心も最初は発生の過程に向けられており、私はもっぱら幼児・児童の研究に従事した。幸運なことに、早稲田大学大学院に在学中に日本女子大学児童研究所に非常勤研究員として出入りすることを許され、そのお陰で子どもの研究に没頭することができた。

やがて私は大学院を修了することになり、創設間もない東京都老人総合研究所に研究員として勤務することになった。そのことが図らずも、私がさらに未来分析について考える重要な契機となったのである。

一　研究上の観点の変更

私は子どもから老人に研究の焦点が移ることに多少のためらいはあったものの、そのことがそれほど重大なことであるとは考えていなかった。老年期も人生の一時期ではないか、との妙な安心感がどこかにあったからである。それに、私は幼児・児童の研究を進めていく過程で、発達のモデルを構成することが発達研究ではとりわけ重要であるということに気付き始めていた。したがって、老年期を研究することによって一生涯の発達のモデルを構成する機会が生じたことを、内心ほくそ笑んでさえいたのである。

しかし、私の安易な研究態度はじきに反省させられることになった。当初、私は子どもを研究対象としていた時と同様の手法で老人も研究できるものと考えていた。要するに、研究対象が子どもから老人に変わるだけのことに過ぎないと考えていたのである。無論、研究対象が変わることによる多少の困難さとそれに伴うある種の戸惑いは覚悟していた。しかし、私が老人研究で直面したのは、そのような生ぬるいものではなかった。私は根本的な観点の問題で早くも行き詰まってしまったのである。

私が直面した第一の問題は、老年期を発達的に研究することの必然性は何か、という問題であった。

私は発達研究の一環として老年期の研究を進めていくことを当然のことと考えていたが、当時のわが国の発達心理学関係の著作は、発達心理学と銘打った著作の場合でさえも、ほぼ例外なく青年期まででその記述が終わっていた。そのことは私にはとても奇異に感じられた。と同時に、発達研究が生涯という時間軸を本当に必要とするのかどうかを、改めて検討しなければならないことに気付いたのである。

実は、発達をこうした青年期以前に限定する傾向は、わが国の発達研究に限らず、二十世紀前半の世界的な傾向であった。しかし、二十世紀後半になると欧米の発達研究は逸早くこうした傾向からの脱却を図り始めており、一九五〇年代以降の欧米の発達心理学関係の著作では、しばしば「生涯発達（life-span development）」という用語が使われるようになってきている。

発達という概念は、元来は、個体の生涯という、その意味で一つのまとまりを有する時間的に連続した長期の文脈を意味するものであった。このことは、たとえば、発達の過程を誕生ないしはそれ以前から死に至るまでとするサンフォード（Sanford, E.C., 1902）の考え方や、発達とは受精の瞬間から死に至るまでの個体の生活史を構成するように生ずるすべての変化を意味するというホリングワース（Hollingworth, H.L., 1927）の発達の定義などから、容易にうかがい知ることができる。さらに古くは、人間はある法則に従って生まれ、成長し、死亡するものであると考えたケトレー（Quetelet, L.A.J., 1835）にも、生涯的発想が明らかに認められる。

このような生涯という文脈が青年期までに限定されてきたことの背景には、次のような事情が考えられる。

第一に、きわめて楽観的と言わざるを得ない発達観が支配的であったことである。すなわち、これまでの発達研究では長い間、発達とは上昇曲線で表わされるものだとの考え方が支配的であった。その結果、上昇曲線で描くことができる人生の前半生に研究が集中することになり、下降曲線が予想される人生の後半生に対しては、その研究上の意味付けをなしえなかったという事情が考えられる。

第二に、発生重視の思想が浸透してきたことである。すなわち、生物学における発生重視の思想、とりわけダーウィン（Darwin, Ch.R.）による進化論の体系化以降の発生重視思想の拡大と、フロイト（Freud, S.）に始まる精神分析学における幼児期体験の重視が、こうした人生の前半生を重視する研究姿勢の有力な根拠となってきたという事情が考えられる。ホール（Hall, G.S.）の提唱に始まった児童研究運動もこうした事情に大いに荷担してきたことは否定できない。

第三に、個々の機能の成熟が発達研究における完態とみなされてきたことである。すなわち、発達研究においては個体が最終的に至る状態として完態というものを想定し、その完態へ至る過程として加齢に伴う種々の変化を秩序付け意味付けようと試みるわけであるが、従来の発達研究ではこの完態がより生物学的な次元上で理解され、個々の機能の成熟に置かれてきたという事情が考えられる。

このことに関連して興味深いのは、一生涯の発達に言及している発達理論はいずれも自我発達に関する理論であるという事実である。確かに、たとえばゲゼル（Gesell, A.）の発達理論にせよ、ピアジェ（Piaget, J.）の発達理論にせよ、能力現象に着目している発達理論は例外なくそれらの能力の成熟までで、すなわち、青年期まででその記述が終わっている。それに対して、自我現象に着目している発達理論は、たとえばビューラー（Bühler, Ch.）の発達理論にせよ、エリクソン（Erikson, E.H.）の発達理論にせよ、その記述は生涯に及んでいる[5]。

こうした点を考慮すると、要するに、従来の発達研究で完態が個々の機能の成熟に置かれてきたということは、これまでの発達研究では能力現象がもっぱらとりざたされ、自我現象は軽視されてきたことを意味している。事実、これまでの発達研究は、そのほとんどが能力現象に関する研究で占められてきている。したがって、完態を個々の機能の成熟から人間としての完熟へと置き換えるならば、発達研究は人生の前半生から生涯へとその問題意識を拡大することが可能となるはずである。

私が直面した第二の問題は、子どもの研究では感じることのなかった人間の威厳の問題であった。

私はこの問題を最初は誤って理解していた。子どもの研究に際しては、自分はかつて子どもであったという一種の安心感がどこかにあった。老人の研究に際しては、自分は未だ老人になったことがないという不安感が絶えず根底にあった。老人の研究に際して威厳のようなものを感じるのは、この不安感が作用して自分自身が萎縮してしまうためではないか、と最初は考えていたのである。しかし、問題はその点にあるのではないことに早晩気が付いた。老人の威厳は、長い人生をその人なりに生きてきた結果としての個性の高まりのためではないか、と考えるようになったのである。

こうした個性の問題は、従来の心理学的研究では統計学上の分散としての個人差の問題として片付けられてきた。したがって、私も最初は老人の威厳の問題を統計学上の分散の問題に置き換えて処理しようと試みた。しかし、やがて、老人の威厳の問題は単なる分散としての個人差の問題として済ますことは到底できないことに気が付いたのである。

老人の威厳の問題に直面したことから、私は老年期を衰退期として捉える従来の研究態度に疑問を抱くようになった。私は次のように考えてみた。

老年期はいろいろな面で衰退ならびに喪失が目立つ時期であることは言うまでもない。年とるにつれて、人は、それまでの人生で獲得してきた多くのものが、次々に自分から失われていく現実に直面せざるをえなくなってくる。自己を取り巻いている外的要因においては、社会的地位や名声の喪失や、配偶者や知人の死などの変化があり、自分自身の内的要因においては、心身諸機能の衰えや疾病などの変化がある。老年期が一般に衰退期として特徴づけられる所以である。老年期に関する心理学的研究も、この衰退期としての特徴に目を向けているものが多い。ところで、このような変化もさることながら、こうした一般に好ましくない負の方向への変化のなかにありながら、そこに示される行動が個々人によってかなり異なっているという事実は注目すべきことであろう。実際、ある人に客観的に認められる老化の事実が、必ずしもその人の日常行動を説明するのに十分ではなく、直接に結びつけて解釈できない場面にしばしば出合うことがある。となると、どのように数多くの資料をもってそのような衰退ならびに喪失の事実を物語ったとしても、それだけでは老年期の心理学的解明としては不十分である。何故ならば、そうした衰退ならびに喪失の事実を受け止め、それらに反応する主体者たる存在に対する配慮がそこには欠如しているからである。換言するならば、同じような衰退ないしは喪失の事実に直面しながら、何故、ある人はその事実に押し流されていき、ある人はその事実に調和し、むしろ乗り越えていくことができるのか、という点に研究の主たる関心が向けられていく必要がある。ここで言う主体者とは、一般に自我と呼ばれているものに他ならない。意識や行動の主体者たるこの自我に着目するならば、老年期は単に衰退期としてだけではなく、同時に、それまで生きてきた証としての完熟期としても特徴づけられることになろう。

要するに、老年期の心理学的研究が最終的な解明を目指していくべき問題は、他ならぬ自我発達の問題である、と私は考えたのである。

私が直面した第三の問題は、老年期の学際的研究に参加して痛感させられた、心理学の独自性とは何か、という問題であった。

子どもの研究の際には、他の学問領域の人たちとの学際的な研究の機会はほとんどなかったが、老人の研究では、医学や社会学などの他の学問領域の人たちとの学際的な共同研究を行なう機会がしばしば訪れた。その折ごとに、そうした共同研究を遂行していく過程で、心理学者としての私の役割は一体何なのか、発達研究者として果たすべき役割は一体何なのか、という疑問を絶えず抱いた。心理検査の要員としての役割も確かに重要であるし、統計処理の要員としての役割もまた重要である。こうした役割の重要性は素直に認めたいが、それらが心理学者としての私の役割のすべてなのか、という疑問に私は悩み続けたのである。

この疑問はやがて、他の学問にはない心理学の独自性とは何なのかという疑問へと発展していき、人間の独自性とは何なのかという疑問へとさらに発展していった。こうした疑問から、私は発達人間学という発達科学の新たな研究領域を一九七六年に提唱するに至ったのである。

二　自我発達と未来

私は、一連の疑問を契機に次のような発想をするようになった。

老年心理学は、特にわが国においては、比較的に踏み荒らされていない研究領域である。この希少な未開の研究領域は、心理学がその学の独自性を改めて考え、真に人間性の学たらんとする新たなる決意をする最後の契機を提供してくれていると見ることもできる。何故ならば、そこでは、子どもや青年を研究対象としていた時には成功したと思われていた実験法や検査法がほとんど通用せず、それまで有効だと思われていた発想がそれほど意味をもたず、それまで体験したことのない非常な個人差が待ち構えているからである。これらの事実を率直に認めるならば、われわれは人間現象を扱うのに、これまでのまったく物的《もの》な発想から人間的な発想へと、発想の転換を余儀なくされることになろう。そして、改めて人間性という言葉を思い浮かべるであろう。

要するに、論じうるものを論じ、扱いうるものを扱うという、それまでの安易な研究態度への反省であった。

では、ここで言う「物的な発想から人間的な発想へ」という発想の転換とは、具体的にはどのようなことなのか。この点について、私は次のように考えてみた。

人間現象が他の存在者に関する現象と区別されるべき根拠というものを指摘するとしたならば、それは、人間現象と称しうるすべての現象には、意識や行動の主体者たる自我が常に介在しているということであろう。心理学は、言うまでもなく、この自我の解明を目指す唯一の体系立った科学として他の人々からは考えられ、期待され、その独立が承認されてきた。にもかかわらず、心理学は、科学としての体裁を整える過程で、このような期待に対して概して冷淡であり無関心であった。心理学は、その科学的発展への努力の過程で、実証性に欠けるという理由から、むしろ、自我を科学としての心理学の対象から除外しようとし、思弁的な考察の範疇へと押しやろうとしてきた。心理学のこのような傾向に対して、自我こそが心理学の中心部に位置すべき研究課題であることを力説し、自我を心理学の正当な立場に入れるべきことを強調したのが、オルポート（Allport, G.W.）であった。彼は、一九四三年にアメリカ東部心理学会第十四回総会で会長演説として行なった「現代心理学における自我」という論文の最後で、「われわれは二十世紀において自我心理学が徐々に栄えるであろうと予言しても差し支えないであろう。何故ならば、ただその助けによってのみ、心理学者たちは、彼らが研究する人間性と、彼らが貢献する人間性とを、調和一致させることができるからである。」(1943, p.476）と記している。

確かに、これまでは能力研究が主体であり自我研究はなおざりにされてきた。そう実感した私は、研究上の観点を次のように変更していくことになったのである。

発達研究の対象を幼児・児童から青年・成人・老人へと移行させていく過程で、これまでの人間理解が余りに一面的であったことに気が付いた。すなわち、幼児・児童を研究対象にしていた頃には、その子の諸々の能力に焦点を当てて研究を進めていたが、青年・成人・老人を研究対象にするようになるにつれて、それらの諸能力をAさん、Bさん、Cさんとして固有なものに仕立て上げている、いわゆる自我なるものの理解が不可欠であることに気が付いた。また、幼児・児童を研究対象にしていた頃には、その子の過去と現在を知ればその子を十分に理解できるものと考えていたが、青年・成人・老人を研究対象にするようになるにつれて、その人の過去を知り現在を知っただけではその人を十分に理解できないことに気付いた。つまり、人間だけが単純未来だけではなく意志未来をも有しており、この意志未来を知ることこそがその人を理解していく上で最も重要なことなのではないのか、ということに気が付いたのである。この点は、障害者の研究に着手するようになってから、なお一層鮮明に意識されるようになった。

このようにして、私は能力発達を重視する立場から自我発達を重視する立場へと研究上の観点を変更することになり、この転向を契機として、未来の重要性を再認識するとともに、未来の問題を自我発達の問題として検討してみたいと考えるに至ったのである。それを具体化してみたものの一つが、次章で述べる自我発達の三次元モデルである。

第四章　自我発達の三次元モデル

自我発達の過程に未来をどのように組み込むことができるのか。この問題を解決するために、私は自我発達のモデルの構成に着手した。

研究は疑問から直ちに始められるわけではない。疑問は仮説にまで高められなければならない。仮説とは、問わんとする現象に関する研究の出発点としてのモデルを意味している。そこで、私は自我発達の三次元モデルを考えてみたのである。

自我を多次元で考えてみたことの根拠は、もし自我こそが人間現象の所以であり、人間現象は自我現象に他ならないと考えるならば、人間現象が単次元の扱いでは決して済ますことができないのと同様に、自我現象も単次元の扱いでは済ますことができないはずであると考えたからである。そして、基本的に三次元で考えてみたのは、心理学が人間理解に際して仮定している次のような前提によったからである。

（1）心理学の研究対象としての行動は、特定の個体が特定の環境のなかで示した特定の時点での行動である。

また、自我発達の三次元モデルでは、それぞれの次元に適用される三種類の因果律を考えてみたが、それもやはり心理学が人間理解に際して仮定している次のような前提に由来している。（2）この場合の特定の時点は、その過去を含むと同時にその未来をはらんでいる。

一　自我の基本的三側面

前述したように、心理学がその研究対象とする行動は、特定の個体が、特定の環境のなかで示した、特定の時点での行動にほかならない。このことは、要するに、心理学で人間行動を論じる際には、少なくとも次の三つの点を考慮することが不可欠であることを意味している。すなわち、第一に、特定の個体の行動であるということ、第二に、特定の環境のなかでの行動であるということ、第三に、特定の時点での行動であるということである。

これらの考慮すべき三つの点はそれぞれ、われわれが人間行動の理解を進めていく上での主要な三つの次元を想定してみることを根拠づけてくれる。すなわち、第一の点からは個体条件的次元を、第二の点からは環境条件的次元を、第三の点からは時間条件的次元を、それぞれ考えてみることができる。

いま、ここに想定してみた三つの次元を自我の理解に際しても適用してみるならば、それぞれの次元上で理解される自我（ego）の代表的側面として、生物的側面、社会的側面、時間的側面を考えてみることができる。これらの各側面を自我（self）という用語で表現してみるならば、それぞれを、生物的自我（biological self）、社会的自我（social self）、時間的自我（temporal self）とよぶことができる。[6]

それぞれの自我を自己概念の点から定義してみると、生物的自我とは自己の生物的側面に関する意識内容であり、社会的自我とは自己の社会的側面に関する意識内容であり、時間的自我とは自己の過去から未来へと向かう時間的側面に関する意識内容である。従来、病気がその人を変えるとか、職業がその人を変えるとか言われてきた事実は、生物的自我と社会的自我とをそれぞれ裏付けるものであるし、また、たとえば、次章で紹介するフランクルの強制収容所での体験（未来の喪失が自己崩壊に結びついたという事実）などは、時間的自我を物語るものである。

ところで、自我を三次元で考えることが妥当なのかどうかを確認するために、人間の極限行動である自殺がどのような次元上で生じるのかを簡単に検討してみたい。自殺は、言うまでもなく、自我が介在している人間現象においてのみ見られる、人間に特有の行動である。

村上仁（1963）は、シュナイダー（Schneider, K., 1936）の自殺の分類[7]を踏襲して、自殺を次の五つのタイプに分類して説明している。

(1) 外因自殺　本人の生前の性格や生活態度には著しい異常がなく、過激な外因のみがその原因と認められるもの。その多くは経済的境遇の激変、恋愛的葛藤、老人の長期且つ不治の疾患等である。

(2) 逃避自殺　これは外因と共に本人の生活意欲の減退、憂鬱的傾向、過激なる自尊心などが加わっている場合で、これと（1）との限界は観察者によって異なる。

(3) 激情自殺　一時的な激情、嫉妬、憤怒、反応的憂鬱性、苦悶性気分変調あるいはアルコール飲用による感情変動などによるもの。青少年の動機の明瞭でない自殺にもこの種のものが多い。

(4) 狂言自殺　この場合は自らの生命を断つこと自身よりも、それが周囲へ及ぼす反響の方にその主な目的があるもので、時には行為が未遂に終わるように前もって計画されていることもある。このような動機は相当多くの自殺のうちに発見できるものである。

(5) 精神病的自殺　憂鬱病その他の精神病によるもの。

（村上, 1963, pp.56-57）

研究者によって自殺の分類もその用語も異なっているが、基本的にはここに紹介した村上による五分類のいずれかに含めてみることが可能である。

これらの五つの分類のうち、（1）と（2）は外因・逃避自殺としてまとめてみることができる。その特徴は、お先真っ暗とか生きる意味を失ったという未来の閉鎖感に由来している点にあり、時間的次元上での自殺（時間的自殺）と見ることができる。（4）は明らかに社会的次元上での自殺（社会的自殺）である。（3）と（5）は、何らかの身体的変調が基礎となって激情や憂鬱状態などが現れていると仮定すると、生物的次元上での自殺（生物的自殺）と言えるであろう。

なお、ここに紹介した自殺の五分類の考え方は、人間の極限行動の別のタイプである家出を説明する場合にも当てはまるし、その他多くの人間行動を説明する上でも有効な分類と考えられる。

以上のように、自我のモデルを構成する際に想定してみた三次元は、人間の極限行動においても認められることから、人間現象を理解していく上での基本的な三次元であると考えてよいであろう。すなわち、自我の基本的次元として生物的、社会的、時間的の三つの次元を想定してみたことは妥当であったと考えられる。

自我は、その捉え方によってさまざまな側面を考えてみることができるが、基本的側面としては、ここに想定した三つの自我の側面で代表させてよいであろう(8)。

二　自我の三側面の理解のための因果律

次に、前述した自我の三つの基本的側面を理解する際に適用される因果律の特徴から、それぞれの自我の側面の基本的性質を明らかにしてみたい。

既に述べたように、心理学の研究対象としての行動は、特定の時点で示された特定の環境内での特定の個体の行動にほかならず、この場合の特定の時点とは、その過去を含むと同時に、その未来をはらんでいると考えられる。

このことから、行動の理解に際して次に述べるような三つの接近方法ならびに因果律を考えてみることができる。

(1) 過去重視型の接近方法ならびに因果律

含まれている過去からの現在理解への接近方法であり、具体的には、その人のそれまでの生活史を明らかにすることによって、現在のその人の行動を理解しようとするものである。ここでは行動の因果の連鎖ないしは連関が過去↓現在の形で問われていることになり、したがって、過去↓現在の因果律で考えてみることができる。

(2) 現在重視型の接近方法ならびに因果律　現在からの現在理解への接近方法であり、具体的には、その人が現在置かれている場の状況や心身諸機能の状態などから、現在のその人の行動を理解しようとするものである。ここでは、行動の因果の連鎖ないしは連関が現在↓現在の形で問われていることになり、したがって、現在↓現在の因果律で考えてみることができる。

(3) 未来重視型の接近方法ならびに因果律　はらまれている未来からの現在理解への接近方法であり、具体的には、その人がこれからどうしようとしているのかという、その人が描いている計画や目標から、現在のその人の行動を理解しようとするものである。ここでは行動の因果の連鎖ないしは連関が現在↑未来の形で問われていることになり、したがって、現在↑未来の因果律で考えてみることができる。

これらの接近方法ならびに因果律の相違を具体的な例で考えてみるならば、たとえば、反社会的行動をとる青年の場合には、彼にそのような反社会的行動を促したと考えられる要因を（1）では、彼の生育歴のなかに求めようとし、（2）では、彼が現在置かれている状況のなかに求めようとするが、（3）では、彼の抱いている未来像の歪みに求めようとする、といった違いがある。また、非行少年の場合で考えてみると、（1）では、その少年の生い立ちの貧しさと非行とを結び付けて解釈し、（2）では、その少年の現在置かれている逆境と非行とを結び付けて解釈するが、（3）では、その少年が歪んだ未来像を抱いていること、あるいは、その少年が明確な未来像をもちえないでいることと非行とを結び付けて解釈する、といった違いがある。(9)

ここに述べた三つの接近方法ならびに因果律のうち、(1)と(2)は一般に自然科学で用いられてきているものであり、したがって、自然科学的接近方法ならびに自然科学的因果律とよぶことができる。そして、その因果律を、過去・現在→現在の因果律とまとめて表現してみることが可能である。何故ならば、過去も現在も存在したし存在しているもの、すなわち実在だからである。これに対して(3)は、従来の自然科学的発想の下では自覚されることがなかったものであり、人間存在の独自性を特に生涯発達の観点から理解しようとする際に不可欠のものである。したがって、これを人間科学的接近方法ならびに人間科学的因果律とよぶことができる。

自我の三つの側面が、ここに述べられたいずれの接近方法ならびに因果律で理解できるものなのかを考えてみるならば、生物的自我は主として過去重視型の接近方法ならびに過去→現在の因果律をもって理解することが可能であり、社会的自我は主として現在重視型の接近方法ならびに現在→現在の因果律をもって理解することが可能である。換言するならば、生物的自我と社会的自我は自然科学的接近方法ならびに自然科学的因果律によって理解することができる。これに対して、時間的自我は未来重視型の接近方法ならびに現在←未来の因果律によって、すなわち、人間科学的接近方法ならびに人間科学的因果律によって、初めて理解することが可能になる。(10)

三　自我の三側面の発現の様相

それでは、自我の三つの基本的側面はどのような順序でいつ頃から明確に発現し始め、その際にどのような特徴が見出されるのであろうか。この点に関しては、以下のように考えてみることができる。

従来、二つの反抗期が指摘されている。すなわち、第一反抗期と第二反抗期である。幼児期初期に認められる第一反抗期は自我の芽生えの時期として、また、青年期初期に認められる第二反抗期は自我の目覚めの時期として説明がなされてきている。これらの反抗期を自我の三つの基本的側面の発現に関連づけてみるならば、次のように考えてみることができる。

自我の三つの側面のうち、生物的自我は誕生まもなくの時期から既に認めることができる。たとえば、空腹時や不快時に泣くといった現象に、生物的自我の最も単純な表現を認めてもよいであろう。社会的自我も、生後二か月頃より目立ち始める対人的な反応（他者に対して笑うなど）にその原初的な表現を認めることができようが、明確に認められるのは幼児期初期の第一反抗期の時期である。事実、この第一反抗期の時期から社会的文脈をもって理解することができる多くの行動が現れてくる。時間的自我はこれらよりずっと遅れて、青年期初期の第二反抗期の時期から明確に認められるようになる。この時期以前においても時間的自我の徴候は認められるが、この時期から人は何のために生きるのかを問い始めるようになる。次章で紹介するように、ビューラーは、数多くの伝記を素材として人間生涯の検討を試みた伝記心理学的研究の成果から、人は青年期において初めて人生目標を意識し始め、人生目標という未来に自己を係わらせ始めることを明らかにしている。

四　自我と社会的適応ならびに個人的適応

自我を三つの側面で考えようとすることは、適応の問題を考える場合にも好都合である。

適応とは、個人の諸特性や諸条件と環境のそれらとの間の調和を意味し、また、そのような調和関係が達成される過程を意味している。このような適応は概して社会への適応という形で考えられやすいが、特に老人の適応問題を考える場合には、同時に、自己への適応を考えることが不可欠である。クーレン（Kuhlen, R.G., 1959）は、老人の適応を社会への適応と自己への適応の二つの枠組で考えている。

社会への適応すなわち社会的適応は、他者によって設けられた基準に個人がどの程度適合しているのかを問題とする。狭義には他者への適応と言っても良く、他者によって適応がうまくいっているかどうかが評価される。自己への適応すなわち個人的適応は、適応の主観的側面をさしている。他人がどう見ようと、その人が自分自身で大切だと思う自分自身の目標を達成することを意味しており、いうなれば目標への適応である。

これらの適応のうち、前者は社会的自我と結びつけて、また、後者は時間的自我と結びつけて解釈することができる。すなわち、前者は、自我が社会的にどれだけの広がりを有しているのかという社会的自我の広がりの問題に、後者は、自我が時間的に未来にどれだけの広がりを有しているのかという時間的自我の広がりの問題に、それぞれ置き換えてみることが可能である。

五　自我と社会化ならびに個性化

適応の問題を生涯過程の中で論じようとしたものが、社会化と個性化の問題である。社会化とは、平易に表現してみるならば、要するに、個人がその社会に適応していく過程であり、これに対して、個性化とは、その人らしさの形成の過程である。

言うまでもなく、社会化と個性化とは、互いに干渉し合うことはあっても、本来的には何ら相矛盾する過程ではない。ところが、従来は、その人らしさの形成過程である個性化が、時に自己主張ないしは自己顕示に近い意味で解釈されることが多く、極端な場合には社会化の対極に置かれて反社会化という印象を負わされることとさえあった。

このような社会化と個性化の対立的解釈は、要するに、これまで両者をいずれも社会的自我の問題として、同一の次元上で理解しようとしたことに起因している。したがって、このような対立的解釈を避けるためには、個性化を社会化とは異なった次元上で理解する姿勢が必要となる。

既述の三つの接近方法ならびに因果律のうち、未来重視の接近方法ならびに因果律は、その人らし

表1　自我発達の三次元モデル（守屋, 1977a, p.8）

<table>
<tr><th colspan="2">自我の側面</th><th>生物的自我</th><th>社会的自我</th><th>時間的自我</th></tr>
<tr><td colspan="2">主たる接近方法</td><td>過去重視型</td><td>現在重視型</td><td>未来重視型</td></tr>
<tr><td colspan="2" rowspan="2">主たる因果律</td><td>過去→現在の因果律</td><td>現在→現在の因果律</td><td rowspan="2">現在←未来の因果律</td></tr>
<tr><td colspan="2">（過去・現在→現在の因果律）</td></tr>
<tr><td colspan="2">因果律の性格</td><td colspan="2">自然科学的因果律</td><td>人間科学的因果律</td></tr>
<tr><td rowspan="3">発達の諸相との連関</td><td>反抗期</td><td>（誕生まもなくに認められる）</td><td>明確な発現の時期が第一反抗期を形成する</td><td>明確な発現の時期が第二反抗期を形成する</td></tr>
<tr><td>適応</td><td>自己の生物的状態への適応（生物的適応）</td><td>自己の社会的状況への適応（社会的適応）</td><td>自己の未来像への適応（時間的適応）</td></tr>
<tr><td>生涯過程</td><td>生物化</td><td>社会化</td><td>個性化</td></tr>
<tr><td colspan="2">自我の3側面間の連関性の変化のモデル</td><td colspan="3">発達的交代を根拠とする発達のモデル[1)]</td></tr>
</table>

1）発達的交代については，巻末の註(19)を参照されたい。

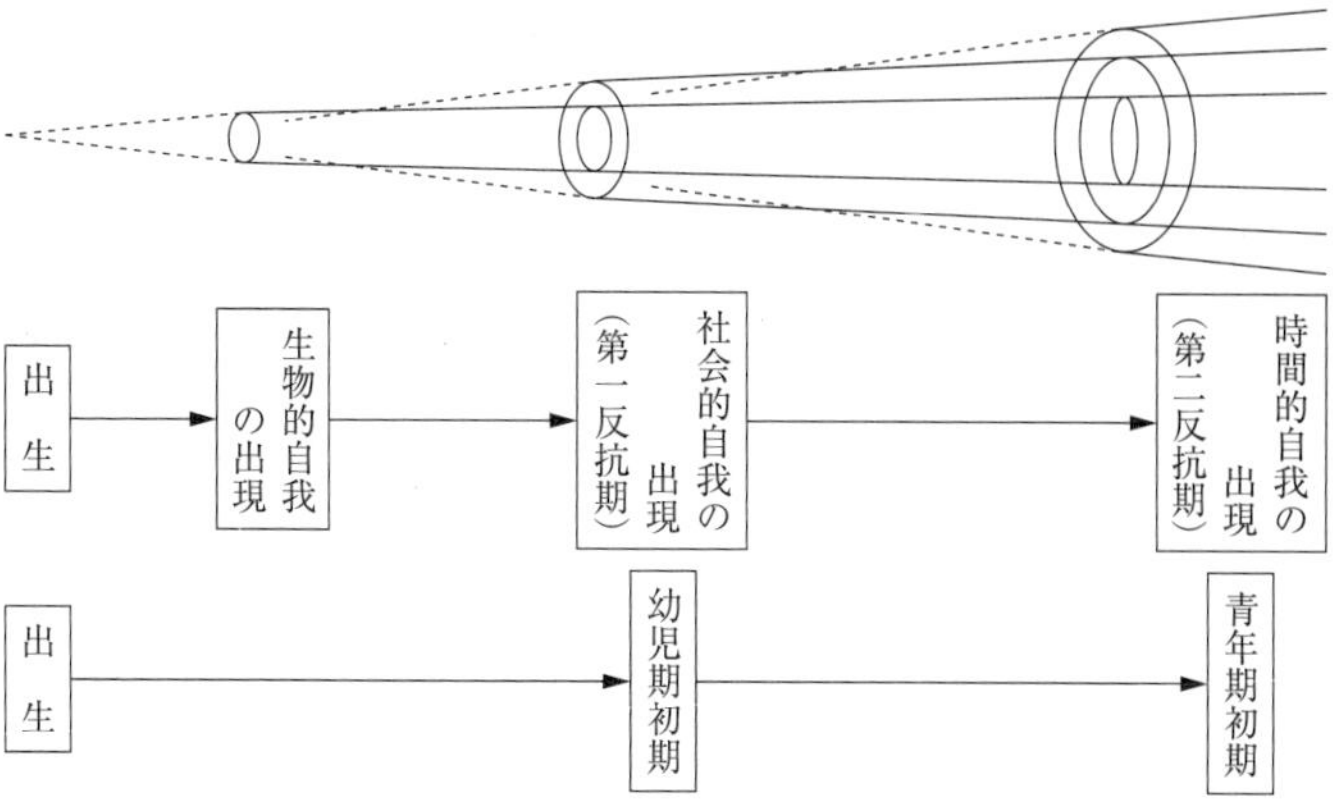

図1　自我発達の三次元モデル（守屋, 1977b, p.50）

この図は，サービン（Sarbin, T.R., 1952）が用いている自我の認識発生理論の輪郭図の様式を利用して，人生の前半生にみられる自我発達の様相を図式的に描いてみたものである。

さを知る手がかりとして、その人の抱いている未来を知ることが重要であることをわれわれに教えてくれるが、このことは、個性化を時間的自我の問題として扱うべきことの論拠を提示してくれているとみることができる。

したがって、社会化を社会的自我の問題として、また、個性化を時間的自我の問題として考えることができる。(11)

以上の記述を要約してみたものが、図1ならびに表1である。

六　動機づけの問題

自我発達上でもう一つの重要な問題として、動機づけ（モティベーション）の問題がある。この問題は時に体罰や虐待にも結び付きやすいという意味においても重要な問題である。

かつて、日本女子大学児童研究所で、二、三歳児の幼児グループを対象に継続的な行動観察研究を試みていた時に、次のような光景に遭遇した。

プレイ・ルームの中で、母親から片時も離れることのできない二歳児がいた。いつも母親にしがみつくようにしていたその子が、ある日、あるおもちゃに関心をもって、母親の膝から一メートルほど離れたことがあった。その時、その子はすぐに母親を思い出して振り向いたが、母親がその子にまなざしを向けていたので、その子は安心したように再びそのおもちゃをいじり始めた。振り向いては母親のまなざしを確認し、また、おもちゃをいじり始めるということを何度か繰り返した。暫くして、十分おもちゃを堪能したのか、それとも、おもちゃへの関心が薄らいだのか、その子は母親の膝の中に戻った。それが、ある日には、その子は一度母親から離れておもちゃを手にしたが、あわてて母親の膝の中に戻ってしまった。その時には、母親はたまたま余所見をしていて、その子が振り向いた時にまなざしをその子に向けていなかったのである。その後も、同様の場面を何度か観察することができた。いずれの場面でも、母親のまなざしが重要な意味をもっていた。

やはり日本女子大学児童研究所で研究を進めていた時のことであるが、二歳と三歳の幼児たちと砧の緑地公園に皆で出かけたことがあった。公園に到着して、その広い芝地の上を「さあ皆で走ろう。」と掛け声をかけて先頭を切って走り出してみたところ、最初は誰もが歓声を上げて私の後ろを走ってついてきたが、程なく子どもたちは次々に走るのを止めてしまった。そこで、前方に生えている一本の木を指さして「あの木のところまで走ろう。」と再び先頭を切って走り出してみたところ、今度はどの子もその木のところまで走り抜くことができた。幼児であっても目標や目的の存在がとても重要なのだということに気付かされた出来事であった。そして、今でもありありと思い出すのは、走り終えた後の幼児たちの、頑張ったんだぞという満足そうで得意そうに輝いていた表情である。

これらの体験は、私が動機づけの問題を考えるようになる重要な契機となった。

前者の体験からは、人間は人間のまなざしの中で成長するのであり、それは相手の成長を願い期待する愛のまなざしである、と実感した。(12) また、後者の体験からは、子どもたちの能動性や自律性と

表 2　動機づけのタイプと特徴（守屋, 2003, p.7）

自我の側面	動機づけのタイプ	特　徴
生物的自我	生物的動機づけ	・身体的な報酬と罰による動機づけ。 ・このタイプの動機づけは動物に芸を教え込む調教で用いられており、言わば飴と鞭による「やらせる動機づけ」である。 ・この動機づけでは快感・不快感が生じ、効果は当座だけの場合が多い。 ・しばしば体罰や虐待へと移行発展しやすい。
社会的自我	社会的動機づけ	・社会的な報酬と罰による動機づけ。 ・このタイプの動機づけでは一般的に言葉による賞賛と非難（褒めると叱る）が主体になることが多く、「うながす動機づけ」である。 ・自我発達が進めば、期待のまなざしなども大きな効果をもつ。 ・この動機づけでは満足感・不満足感が生じ、満足感は「反復への動機づけ」となる。
時間的自我	時間的動機づけ	・目標や目的の提示による動機づけ。 ・たとえば昆虫には光刺激に向かって進んでいく走光性があるが、われわれ人間には目標や目的に向かって進んでいこうとする生来の性質が備わっているようである。この段階は「自発する動機づけ」である。 ・青年期に明確に発現する時間的自我により、未来の目標や目的を自分で設定してそれに向かって進んでいこうとする意志未来が恒常的に機能し始める。この段階は「意思による動機づけ」である。 ・この動機づけでは達成感・挫折感が生じ、達成感は充実感を伴う自信となって「向上への動機づけ」となる。

いった主体性を育てるためには、目標や目的による動機づけが重要なのだ、と実感したのである。

表2は、こうした体験を踏まえながら、自我発達の三次元モデルに対応させて動機づけのタイプを整理してみたものである。自我発達の三次元モデルでは、自我発達を生物的自我、社会的自我、時間的自我の三側面で考えているが、それぞれの自我に当てはまる次の三つのタイプの動機づけを考えてみた。

①身体的な報酬または罰による生物的動機づけ。

②社会的な報酬または罰による社会的動機づけ。

③目標や目的の提示による時間的動

機づけ。

これらの動機づけでは、子どもの自我発達につれて、少なくとも次の二つの方向への変化がみられると仮定できる。

（1）動因主体の動機づけの段階から、誘因主体の動機づけも可能になる段階への変化。

（2）直接的で同時的な動機づけの段階から、空間的に離れた動機づけも可能になる段階、さらに時間的に離れた動機づけも可能になる段階への変化。

たとえば、時間的動機づけでは、子どもが幼い時には目標が直接見えるところに設定されなければ効果がないが、子どもが成長するにつれて目標が直接見えないところに設定されても効果をもつようになり、さらには時間的に離れたところに設定された目標や目的でも効果をもつようになる。やがて、時間的自我の明確な出現によって、自ら目標や目的を未来に設定して、それに向かい始めるという自己決定の自由を行使できるようになる。

時間的動機づけに関連して、農業を基盤とした知的障害者の生活施設創りを進めてきた過程で、次のような体験をしたことがある。

皆で庭の草取りをしていた時のことであった。軽度の知的障害があるM君は、いつも大変おしゃべりなのであるが、その時もおしゃべりばかりしていて草取りをしない。周囲の大人たちが、「口は動かさなくてもいいから、手を動かしなさい。」といくら注意したり促したりしてみても効果がない。すぐにまたおしゃべりを始めて、草取りを止めてしまう。そこで試みに、彼の目の前二メートル程先の地面に棒切れで線を引いて、「Mくん、ここまでやったらお昼ごはんにしよう。」と提案してみた。すると、彼はそれまでとは態度を一変して、おしゃべりを止め、草取りに専念し始め、最後までやり遂げたのである。

重度の知的障害と身体障害があるY君には、養護学校在学中に訓練を受けてきた空き缶潰しをやってもらうことにした。長机の上に据え付けられた左右に開く道具の中央に空き缶を置き、それを両手で閉じて押し潰すのである。彼は空き缶を一つ潰すと逃げ出してしまう。大きな体格で体力もあるので、担当者は彼を引き戻すのが大変である。一つ潰しては逃げ出し、担当者に引き戻され、一つ潰してはまた逃げ出す、ということを毎回繰り返していた。そこで、担当者に、「今日はこれだけつぶそう。」と空き缶の入っているビニール袋を彼の目の前にきちんと提示して、それから作業をするように提案してみた。彼には言語によるコミュニケーションは困難であり、また、そうした提示がどこまで理解できるのかには疑問があった。しかし、彼の逃げ出し方に変化が生じた。それまでは本気で逃げ出していたのであるが、その日の目標をきちんと提示することによって、彼は本気で逃げ出さなくなったのである。逃げ出しても、軽く手を掴まえるだけですぐに元の場所に戻り、次の空き缶を潰すのである。そして、全部の空き缶を潰し終えた時には、彼は得意そうな態度さえ見せているように感じられたのである。その後の空き缶潰しでも同様であった。

これらの体験からも、目標や目的を提示するということがいかに重要であるかが理解できる。目標や目的を提示する方法は、その後もいろいろな場面に適用してみたが、いずれも大変有効であった。

障害が重度になればなるほど、われわれは「やらせる」という姿勢をとりがちであるが、それは相手の自尊心を無視したやり方であり、それでは本人の能動性や自律性といった主体性は育まれないのではないかと思う。

近年の教育では、「生きる力」の涵養が強調されているが、生きる力には自立（能力発達）と自律（自我発達）の両輪が必要である。自立には、やらせる動機づけやうながす動機づけのような、知識や技能の習得と定着を図る学習的動機づけが有効であるが、自律には、自発する動機づけや意思による動機づけのような、主体性を育む発達的動機づけが必要なのである。

第五章　時間的自我に関する諸見解

前章で述べたように、私は自我発達のモデルを構成する際に、自我に三つの基本的側面を考えてみた。すなわち、生物的自我と社会的自我と時間的自我である。そして、適用される因果律の特徴からそれぞれの自我の基本的性質を明らかにしてみた。

これらの自我の三側面のうち、過去・現在→現在という自然科学的因果律によって理解することができる生物的自我と社会的自我は、程度の差はあるにせよ、人間以外の動物にも認めることができるが、現在←未来という人間科学的因果律によらなければ理解することができない時間的自我は、われわれ人間にだけ認められるものである。

時間的自我はまさしく人間性の所以たるものであると考えられるが、この点について、ユング（Jung, C.G.）の目的論的な観点、ビューラー（Bühler, Ch.）らの伝記心理学的研究の成果、オルポート（Allport, G.W.）の自我についての見解、ならびにフランクル（Frankl, V.E.）の強制収容所での体験を引用することにより、更に検討してみることにしたい。

一　ユングの目的論的な観点

ユング（1931）は人生を、児童期、青年期、中年期、非常な老年期の4つの時期に区分して考えている。このうち、児童期と非常な老年期は他の人にとっては問題となる時期であるが、本人にとっては意識的問題はない時期であるとして、議論はもっぱら青年期と中年期に向けられている。この場合の中年期には、非常な老年期を除いた意味での老年期が含まれている。

ユングは、青年期と中年期の境界となる35～40歳を人生の一大転換点であると考え、それ以前を人生の午前、それ以後を人生の午後と表現している。そして、人生の午前から午後への移行がきわめて困難であることを指摘し、その原因は一般には死の恐怖によると考えられやすいが、むしろ精神内の根深くかつ特有な変化に起因していると考えている。この点を、彼は人生を太陽の動きにたとえて、次のように説明している。

太陽は、午前中はその光を世界に惜しまずに与えるが、午後は自らを輝かすためにその光線を引っ込める。人生もまた同様であり、われわれは人生の午後を人生の午前のプログラムに従って生きることはできない。何故ならば、朝方に偉大であったことは夕方には無価値となるし、朝方に真実であったことは夕方には偽りとなってしまうからである。それにもかかわらず、われわれは人生の午前で得た真理や理想が人生の午後でも有効であるという誤った仮定をして、人生の午後に踏み込んでしまう。間違えてはならないことは、人生の午後はそれ独自の意義をもっているに相違なく、人生の午前への単なる哀れな付属物ではありえないということである。もしそうでなかったならば、人間という種が七十歳とか八十歳といった長寿を全うすることはなかったであろう。人生の午前の意義となりえた、子孫の増殖と養育、蓄財、社会的業績といった自然（nature）の目的は、それが達成されてしまったならば、もはや人生の午後の意義とはなりえない。人生の午後の意義は文化（culture）の目的を達成することにあり、それはより広い意識の発達を遂げることである。

人生の後半における、こうした独自の人格の発達を目指す分化過程を、ユング（1921）は個性化（individuation）とよんでいる。

ユングは、人生の午後を生きる上で、未来の展望や目標が絶対に必要であることを強調している。それだからこそ、偉大な宗教は、死すべき人間が人生の後半を前半と同じように多くの目的や目標をもって生きることを可能にする超現世的目標―あの世―の約束を差し出すのだと考えている。しかし、自然科学を無上のものとする今日の人間にとっては、人生を拡大しその頂上をきわめることはもっともな目標となるけれども、死後の世界という観念は疑わしく信じられないことになってしまっていることを認め、特に教育を受けた人間にとって信じるという行為がきわめて困難になっていると指摘している。しかし、それでもなお、彼は死後の世界を信じることの必要性を強調する。

「しかし、ここで、私の医師としての良心が目覚め、そして、私にこの問題に関する重要な一言を言うようにせきたてる。私は次のことに気が付いたのである。すなわち、目的に向けられている人生は、目的のない人生よりも、一般により良く、より豊かで、より健康であるということ、そして、時間の流れに従って前進することの方が、それに逆らって後退することよりもより良いということである。精神療法医には、人生に別れを告げられない老人は、人生を抱きしめることができない青年と同様に、か弱く病弱に見える。（中略）一人の医師として、私は次のことを確信している。すなわち、―もし私がこの言葉を用いてよいのであれば―死のなかに人がそれに向かって努力できる目標を見出すことは健康なことであり、それから萎縮することは、人生の後半からその目的を奪ってしまう不健康で異常なことである。したがって、私は、超現世的目標を伴うすべての宗教は、精神衛生の観点からは、明らかに理に適っていると考えている。（中略）精神療法の立場からは、したがって、死を単なる移行にすぎないと考えること、すなわち、その広がりと持続がわれわれの理解を超えている人生のプロセスの一部として考えることは、望ましいことであろう。」（1969, pp.401-402）

キュブラー・ロス（Kübler-Ross, E., 1969）は、約二〇〇名の致命疾患による臨死患者へのインタビューの結果に基づいて、彼らが悲劇的知らせ（死の宣告）に直面させられた時から経過する内面的体験を、（1）否認と孤立、（2）怒り、（3）取り引き、（4）抑うつ、（5）受容、の5段階で描いているが、そのすべての段階を通して常に存在したのが希望（hope）であった、と指摘している。すなわち、最も受容的で最も現実的な患者たちでさえ、何らかの治療法への望みを残していたことを指摘し、この一縷の望みこそが末期患者を数日間、数週間あるいは数か月間の苦しみに耐えさせるのである、と述べている。

二　ビューラーらの伝記心理学的研究の成果

ビューラーの指導の下で一九三〇年代にウィーンで行なわれた発達研究は、その研究方法から伝記心理学的研究とよばれている。その報告（Bühler, 1933, 1935, 1968a; Frenkel, 1936）によれば、研究の目的は、人間の生涯にわたる心理的発達の一般法則を明らかにすることにあった。彼女らは多数の伝記を集め、それを（1）外面的出来事、（2）内面的体験、（3）業績、の三つの点から整理し、その結果に基づいて心理学的生涯曲線を描き、生物学の知見からあらかじめ設定された生物学的生涯曲線と比較している。その結果、次のような三つの主要な発達法則を明らかにしている。

第一に、全体を通しての一般的傾向として、心理学的生涯曲線は生物学的生涯曲線に並行して上昇し、頂点に達し、下降することが確認された。ただし、前者は後者よりもその出現の時期が遅れていた。また、その人生で身体的要因よりも精神的要因の方が優位であるその度合いに応じて、心理学的頂点は生物学的頂点よりも遅れて現れる傾向があった。

第二に、人生目標と関連したものであるが、暫定的かつ予備的で一般的な状態から、決定的かつ確定的で特殊的な状態へと興味が移行していく、特殊化と明確化への発達的傾向が見られた。

第三に、欲求とよばれうる主観的体験と、使命とよばれうる主観的体験との間に優位性の交代現象が見られた。すなわち、人生の前半生では欲求（生物学的側面と密接に結びついて、その推移に並行している内面的体験）を、後半生では使命（何のために生きるかという発問の体験であり、その後、それは何かのために生きたいとなり、次いで、人生の結果が何なのかという問題の重視へと至るもの）を重要なものとみなすようになる現象である。

ビューラーらの伝記心理学的研究の結果は、生涯という長期の時間的文脈のなかで人間理解を進めていく場合に、とりわけ未来に着目することが重要であり不可欠であることを裏付けている。たとえば、彼女がこの伝記心理学的研究の結果から受けた印象には、その点がはっきりと示されている。すなわち、次のように述べている。

「公刊されている伝記の大部分は、何らかの理由で有名になった人の人生に関係している。印象的な事実は、これらの人生がほとんど、何らかの統一化の原理によって現れる内面的一貫性を有しているように思われたことである。この統一化の原理はこれらの人々の人生を貫く確実な期待から発展しているように思われた。それは、人生がある指令の下で生かされていることを示唆した。私はこの原理を意図性と名づけた。」（1968a, p.184）

ビューラー（1968b）によれば、意図性（intentionality）とは、何かのために生きたいと願う人間現象を記述する用語であり、この何かのために生きることが結局その人にとっての人生の意味となる。

ビューラーはまた、「伝記的研究と臨床的研究とから、私は、自我が究極的目的に関わっているという印象を得た。」（1968b, p.21）とも述べている。究極的目的とは、たいていは、人が選ぶ信じるもの、あるいは人が考える信じるべきものである。そして、究極的目的の成就に向けられた人生を記述する用語が、自己決定（self-determination）である。

伝記心理学的研究により明らかにされた前述の三つの主要な発達法則のうち、特殊化と明確化への発達的傾向は、具体的には、人生目標に関する自己決定の五段階説として次のようにまとめられている。

第一期　人生目標の自己決定以前の時期（およそ15歳まで）。

第二期　人生目標の試験的ならびに準備的な自己決定の時期（15歳～25歳頃）。

第三期　人生目標の自己決定が一層特殊化され明確化される時期（25歳～45-50歳頃）。

第四期　それまでの人生、ならびに達成ないしは失敗に終わった成就の評価の時期（45-50歳～60-65歳）。

第五期　多かれ少なかれ完全な成就が認められ、自己決定以後の人生が休息と思い出、時には病気と衰退を伴って定まる時期。場合によっては、部分的な成就と部分的な失望とによって、人が以前の努力の形式に立ち戻るように動機づけられ、時にはまた放棄へと動機づけられる時期。あるいは、多かれ少なかれ完全な失敗の感情によって、結局、憂鬱と失望とに至る時期（60-65歳以降）。

これらの自己決定の五つの時期は、人生目標という未来によって人間生涯が規定されていることを示しており、未来からの人間理解が重要であることをわれわれに気付かせてくれる。

三　オルポートの自我についての見解

オルポート（1943）は、自我の性質の説明に、研究者間で意見の一致が見られている自我の幾つかの特徴を充当させている。それらを要約してみるならば、次の五つの点にまとめてみることができる。

（1）自我は人格の一部あるいは一領域である。多くの技能や、習慣、記憶は人格の成分であって自我関与されることはめったにない。

（2）自我は幼児期には存在しておらず、子どもが自分自身をその環境や他の人たちから区分するようになるにつれて、徐々に発達してくる。

（3）自我は外界と一番近い関係にある人格の部分である。それは、人格の接触領域であり、したがって、人格の葛藤領域である。

（4）自我についての主観的感覚は時々大きく変動し、ある時は身体以下のものを含むように縮小していたものが、ある時はそれ以上のものを含むように拡大する。しかし、この変化する感覚は、安定した再現性のある構造がないことを意味するものではない。

（5）自我は層をなしている構造と考えられる。確かに自我関与の程度がある。

オルポートは、これらの研究者間の意見の一致点以外に、もう一つ重要な自我の属性を指摘している。すなわち、

（6）自我は未来に対して習慣的に心を奪われている。

この（6）の点に関して、オルポートは、イスラエリ（Israeli, N., 1932）の研究結果で、その被験者の九十パーセント以上の者が、彼らの過去よりも未来により関心があったという事実を引用して、

「この知見は強調する価値がある。何故ならば、一般に、心理学者たちはその人の未来よりも過去の方により興味があるからである。換言するならば、心理学者と彼の被験者は習慣的に別々の方向を向いており、このことは不幸だからである。」（p.474）と述べている。

確かに、心理学者に限らず、われわれは人の未来よりも過去に目を向けてしまいがちであり、かつ、そのことに何らの疑問も抱いてはいないようである。

四　フランクルの強制収容所での体験

自らユダヤ人としてアウシュヴィッツの強制収容所に囚われ、奇跡的に生還することができたフランクルは、一九四七年に「強制収容所における一心理学者の体験」（邦訳「夜と霧」）を報告しているが、その記述のなかには、未来が人間にとっていかに重要な役割を担っているかが明白に述べられている。

「収容所生活が囚人にもたらした精神病理学的現象を心理療法や精神衛生の見地から治療しようとするすべての試みにおいて、収容所のなかの人間に、ふたたび未来や未来の目的に目を向けさせることが内的に一層効果をもつことが指摘されているのである。また本能的に若干の囚人は自らにこの試みを行なったのであった。彼らはおおむね何か拠り所にするものを持ち、また一片の未来を問題としていた。人間は本来ただ未来の視点からのみ、すなわち何らかの形で「永遠の相の下に」存在し得る

ということは人間に固有なことなのである。」（霜山徳爾訳, 1971, p.177）

「これに対して一つの未来を、彼自身の未来を信ずることのできなかった人間は収容所で滅亡して行った。未来を失うと共に彼はその拠り所を失い、内的に崩壊し身体的にも心理的にも転落したのであった。」（同 p.179）

フランクルは、自己崩壊と未来の喪失との間にいかに本質的な連関が存在するかを、彼が直面した次のような具体例で示している。

かなり知られていた外国の作曲家及び脚本家であった囚人代表Fが、フランクルに最近奇妙な夢を見たことを話した。それは一九四五年二月に見た夢であるが、その夢は彼に戦争が五月三十日に終わると告げた。この夢を確信し希望に満ちていた彼が—現実にはまったく可能性はなかった—五月二十九日に突然高熱を出して発病し、予言の五月三十日にはひどい譫妄状態に陥り始め、そして終に意識を失い、五月三十一日に死亡した。発疹チブスであった。

フランクルはこの事実を、解放されるという期待が外れたための深刻な失望が既に潜伏していた発疹チブスに対する身体の抵抗力を急激に低下させ、そのためにFは死んだのであり、彼の未来への信仰と意志は弛緩し、彼の肉体は疾患に仆れたのである、と説明している。

フランクルはもう一例、収容所の医長が彼に気付かせてくれた事実を引用している。すなわち、一九四四年のクリスマスと一九四五年の新年との間にそれまでかつてなかった程の大量の死亡者が出たが、その医長の見解によれば、それは苛酷な労働条件、悪化した栄養状態、悪天候、あるいは新たな伝染疾患によっても説明されうるものではなく、単に囚人の多数がクリスマスには家に帰れるだろうという素朴な希望に身を委ねたが、実際にはそうなりそうもなく、その結果の失望や落胆が囚人を打ち負かしたのである。

これらの例を示した後に、フランクルは、囚人が強制収容所の恐ろしい現状に耐えていくには、機会がある限り囚人に生きるための目的や目標を意識させることが必要であること、また、何の生活目標ももはや眼前に見ず、何の生活内容ももたず、その生活において何の目的も認めない人は、存在する意味が消えてしまい、頑張り通す何らの意義もなくなり、やがて仆れて行くのだ、と指摘している。そして、「人生というのは結局、人生の意味の問題に正しく答えること、人生が各人に課する使命を果たすこと、日々の務めを行なうことに対する責任を担うことに他ならないのである。」（同 p. 183）と結んでいる。

このように、フランクルは、未来の重要性について、ビューラーらと同様の見解を得ている。彼は強制収容所での体験を土台として、独自の実存分析であるロゴセラピー（Logotherapy）を後に提唱することになる。そして、フロイト（Freud, S.）の快楽への意志、アドラー（Adler, A.）の権力への意志に対して―フランクルがいずれもそうよんでいる―、意味あるものへの意志を主張している。前章で述べた自我発達の三次元モデル（表1参照）に従えば、これらの三つの意志は、それぞれ生物的次元上、社会的次元上、ならびに時間的次元上に位置づけてみることができるように思われる。

五　時間的自我と進化

人間は独自の進化の過程をたどってきた。従来は、二足歩行や道具の使用、言葉の使用などの能力がそれを可能にしてきたのだと説明されてきた。私は、その前に自我の目覚めがあったのではないかと考えている。人間は自我に目覚めたことにより、他の動物とは比較にならないほどの高い能力をもつに至ったのではないか。人間を人間たらしめているのは、能力ではなく自我である。とりわけ時間的自我である。そのことを説明してみたいと思う。

動物の行動は基本的には遺伝子によって支配されている。遺伝子による行動の支配を本能とよぶならば、人間以外の動物の行動はほとんどが本能によっている。本能は種の保存のために無駄のない適応的な行動を可能にする。その行動は既に組み込まれているものであるが故に、確かに一定の環境条件下では最も有効であるが、環境条件が変化するとたちまち効力を失い、そうした変化に対応することができなくなる。そのために、多くの動物が生息環境の変化のために絶滅の危機に瀕している。本能は、閉ざされた世界を生きていくのには有効である。

ポルトマン（Portmann, A., 1951）が指摘しているように、人間の誕生時の状態は特異な未熟な状態にある。また一方で、たとえばバウアー（Bower, T.G.R., 1977）が報告しているように、人間は誕生時に驚くべき学習能力や、知覚能力、運動能力、社会的能力を身に付けている。

ポルトマンは、就巣性（燕のひなのように孵化後巣立てず自食しえない鳥類）と離巣性（鶏のひなのように孵化後すぐに巣立てる鳥類）という概念を用いて、哺乳類の生まれた時の子どもの状態を比較し、妊娠期間や一胎ごとの子の数の点では人間は猿やチンパンジーなどの高等哺乳類と同様であるのに、誕生時の状態は後者の離巣性に対して人間では就巣性であることを明らかにした。そして、この人間の就巣性を、文字どおりの未熟さに由来する下等哺乳類の就巣性とは意味が異なるとして、二次的就巣性と名付け、人間では一年早く生まれることが通常化してしまっており（生理的早産）、その意味では生後一年間は言わば子宮外胎児期であると考えた。このような未完成な状態で早くから人間社会の中に存在することにこそ、人間に独自の開かれた発達の可能性が秘められているのだ、と彼は考えている。

バウアーは、新生児の諸能力に関する次のような諸事実を報告している。たとえば、学習能力に関しては、誕生したその日に、新生児に、ある音色がしたら右に、ブザーが鳴ったら左に頭を向ければ、口の中に甘いシロップをもらえるという学習実験を行なったところ、ほんの数試行で完全に弁別できる状態に達した。別のグループの新生児には、同様の学習をさせてから、その逆のことを学習させた。つまり、後半の課題を学習するためには前半の課題を忘れなければならなかったが、生後数時間しか経っていない新生児たちは、十回ほどの試行でそうすることができるようになった。知覚能力の実験では、生後ほんの数秒の新生児が、音が右側ですれば右に、左側ですれば左に目を向けることができた。また、生後数日の新生児は、スクリーン上に投影されたぶつかるように近づいてくる物体と、ぶつからないように近づいてくる物体を見分けることができた。運動能力では、生まれて十日の新生児は、胴体をしっかりと支えてやれば、物に手を伸ばして叩くことができ、時にはつかむことができた。社会的能力では、生後一週間以内の新生児は、大人がその児に向かって舌を突き出すと比較的に短時間のうちに舌を突き出し返し始め、まばたきを始めるとまばたきをやり返すという、模倣という同時的相互作用が見られた。

こうした乳児期に関する研究知見は、人間に見られる二次的就巣性が確かに人間の独自の存在様式に深く結びついていく可能性を裏付けている。

人間は、本能がすべてを支配してしまうようになる前の極めて未熟な状態でこの世に誕生する。そのために、本来は本能に託されたはずの多くの様々な行動様式を、周囲からの働きかけと自らの意志によって獲得していかなければならない。そのためには、高い学習能力と強い意志が必要になる。この自らの意志の行使こそ自我の主要な機能に他ならない。自我は、開かれた世界を生きていくために必要なのである。

人間は、開かれた世界に生きるために、本能に身を委ねずに自我を育み、時間的自我を発達させてきた。時間的自我により、単純未来を意志未来に変える自己決定の自由を行使できるようになった。その結果、人間は、他の動物とは比較にならないほどの独自の高度な進化を遂げてくることができたのだ、と考えられるのである。

このような仮説からすれば、もし他の動物も未来の存在に気付き、それに向かって意識的な行動を起こすことができるようになれば、すなわち、他の動物にも時間的自我が芽生えることになれば、人間がたどってきた進化の過程と同じ過程をたどることができるようになるはずである。本能から自由であるかどうか、未来を意識できるかどうか、未来に向かって能動的に生きることができるかどうかが、人間と他の動物の進化の過程を大きく隔ててきたのではないか、そのように考えられるのである。

したがって、人間が独自の進化の過程をたどりえたのは、それを可能にする能力を獲得してきたからだと一般には考えられてきたが、人間がそのような能力を獲得することができたのは、未来を意識し未来に向かって生きようとし始めたからであり、そのような未来を実現させるために必要な能力を結果的に獲得してきたのだ、と考えられるのである。

このように考えると、人が望ましい発達を遂げていくためには、それを可能にする能力を身につけること以上に、そのような能力を備えることが必要となるような未来を意識することが重要となる。

人間と他の動物の相違は、能力の有無ではなく自我の有無にあり、とりわけ時間的自我の有無によっている。人間は社会的動物であるだけでなく、時間的動物なのである[13]。

第六章　未来分析に向けて

これまでの章で、未来への志向性ならびに未来からの被規定性を特徴とする時間的自我が、われわれ人間にだけ認められるものであることを明らかにしてきた。この、未来を見つめ未来に向かって前進しようとする人間の特性を生かした発達理論を構築できないものだろうか。これが発達研究に託した私の夢であった。

もし未来がもつエネルギーの有効活用が可能になれば、それは太陽エネルギーにも匹敵するものであり、誰もがその恩恵に浴することができるはずである。過去は多かれ少なかれ汚れているダーティー・エネルギーであるが、未来はまだ何の汚れもないクリーン・エネルギーである。したがって、この未来というエネルギーの有効活用を図ることができれば、日々の生活は潤い、より良く、より健康に生きることが誰であれ可能になるはずである。

こうした考え方に立脚して、私は未来との交信のなかで今日まで生きてきたのであるが、その個人的な体験が基軸となって、本章で述べる未来分析が生まれ、次章で言及することになる発達人間学が誕生したのである。

そこで、ここでは、未来についての説明をさらに補足しながら、未来分析の構想について述べてみることにしたい。なお、以下の説明は現段階における未来分析の手続きそのものでもある。

一　未来についてのモデル的説明

最初に、未来の意味するところを明確にさせるために、ここでは弾丸と船をモデルに用いて説明してみたい。

弾丸のモデルに従えば、現在飛行している弾丸の性質（飛行方向など）は、過去から現在に至るまでの種々の条件（風の強さや方向など）を考慮に入れた上での、その弾丸の発射された時の性質（発射された方向など）によって、すなわち、現在の状況を含めてのそれまでの過去によって、十分に理解することも説明することも可能である。また、これから弾丸がどのように飛行を続けていくのかについても、過去と現在を結んだその延長線上に容易に予測することができる。

一方、船のモデルに従えば、現在航行中の船の性質（航行方向など）は、現在の状況を含めてのそれまでの過去によって必ずしも説明できるとは限らない。また、その船がこれからどのように航行を続けていくのかについても、過去と現在を結んだその延長線上に必ずしも予測できるわけではない。何故ならば、航行方向というものを考えてみた場合に、船には舵というものがあり、その舵によってこれまでの航行方向は左右されてきたのであり、また、これからの航行方向もまさしく操られていくからである。そして、その舵は、船が目的地を決めたその瞬間から、初めて一貫性をもって機能することができるからである。それ故、出航時に確固たる目的地が決められている場合を除いては、これから船がどのように航行を続けていくのかを過去と現在を結んだその延長線上に予測してみたところで、ほとんど意味をもたないことになる。

今ここに極端に異なった二つのモデルを取り上げてみたが、前者の弾丸のモデルでは、現在の状況を含めてのそれまでの過去の現在に対する規定性が示されているし、後者の船のモデルでは、一度自覚された瞬間からの未来の現在に対する規定性が示されている。これらの点を第四章で述べた因果律と関連づけてみるならば、弾丸のモデルでは過去・現在→現在の因果律の特徴がそのまま反映されている。これに対して、船のモデルでは、そこに過去・現在→現在の因果律の特徴を宿しつつも、むしろ現在←未来の因果律の特徴が巧みに表現されている。これらの点は以下の論述の過程で一層明らかになるであろう。

二　自己決定の自由としての未来

これまでの記述で明らかなように、弾丸のモデルと船のモデルには決定的な差異が存在している。すなわち、弾丸のモデルでは、未来を選択する自由もなく、過去―現在の延長線上から逸脱する自由もないのに対して、船のモデルでは、そこに舵を有していることから、未来を選択する自由も、過去

―現在の延長線上から逸脱する自由も保証されている。

もちろん、船のモデルの場合に、その舵が船にとってどれほど有効に機能できるかは、その船がその目的地とする所をどれだけ明確に自覚できているかによっている。すなわち、明確な目的地が自覚されずに、ただいたずらに舵が動かされることになれば、単に過去―現在の延長線上からの逸脱だけに終始してしまうことになる。ここで、舵をわれわれの自由意志と考えてみるならば、この場合は、明確な未来像をもたずに現実生活からの逃避だけが行なわれる、言わば自己逃避の自由が行使されるだけのことになる。

これに対して、未来像を求め、それを明確に自覚し、自由意志がその未来像の実現に向けて発現された場合には、すなわち、船のモデルにおいて、船が明確な目的地を求め、それを自覚し、その目的地に向かうために舵が操られた場合には、現在は過去とよりもむしろ未来に係わることになり、言うなれば自己決定の自由が行使されることになる。

もし、われわれが弾丸のモデルをもって人間行動を理解していこうとするならば、そこには未来が特別の意味をもって登場する余地は少しもなく、すべては、未来さえも、現在の状況を含めた意味での過去によって語り尽くされてしまうことになる。つまり、過去・現在→現在の因果律だけで何もかもが説明されてしまうことになる。

一方、船のモデルをもって人間行動を理解していこうとするならば、未来が大きな意味をもって登場してくることになる。人が目的とする未来を明確に自覚できない間は、弾丸のモデルによる場合と大差はなく、そこでは未来は何らの特別な意味をもたず、すべては現在の状況を含めた意味での過去によって説明されてしまうことになる。それ故、この場合は過去・現在→現在の因果律だけで事足りることになる。しかしながら、人が目的とする未来を明確に自覚できたならば、すなわち、何らかの未来像を描くことができたならば、その瞬間から未来は過去―現在の延長線上から離れ、きわめて強い規定力をもってその個人に迫ってくることになる。ここでは、もはや過去・現在→現在の因果律は多くを語ることはできず、代わりに現在←未来の因果律が大方を説明してくれることになる。

以上の二つのモデルの対比から、人間性の理解に際して未来が重要な鍵を握っており、未来は決して単純な過去―現在の延長線上にあるのではなく、現在との間に過去とは独立した線分をもつ場合があることを、多少なりとも明らかにすることができたのではないかと思う。さらに、そのような独立した線分には、人間における自己決定の自由―未来を選択しそれに志向していける自由―が密接な係わりをもっていることが明確にされたことと思う(14)。

三　客観的因果律と主観的因果律

前述の部分で、未来を重要視し、未来が過去―現在の延長線上から比較的に独立したものとして考えられる場合があることを述べてきた。しかし人によっては、未来ないしは未来像もまた過去ならびに現在の状況によって支えられている現在において描かれるものであるから、その限りにおいて未来もまた過去ならびに現在によって規定されているのであり、したがって、未来が過去―現在の延長線上を離れて現在を規定してくる場合があると考えるのは理屈に合わないではないか、との反論を抱くかも知れない。

ある側面からのみ眺めてみるならば、この反論はまったく妥当であると言わざるをえない。すなわち、そこに過去↓現在↓未来という物理的な、その意味で客観的な時間の流れに単に押し流されていく存在として人間を想定してみる限りは、ある人の現在は、常にその人の過去によって成立していることになる。さらに、その人の未来もまた、当然その人の過去ならびに現在という過去によって成立していくことになる。換言するならば、物理的ないしは客観的な時間の進行に対してまったく受け身的以外の何物でもないと人間の存在を仮定する限り、ある人にみられる過去―現在―未来という時間的文脈は、常に過去↓現在↓未来という形でしか構成することができないことは確かである。このような物理的ないしは客観的な時間の流れを積極的に意味付けて受け止める主体者としての人間の存在を十分に考慮しない、言わば客観的な因果律に相当するものが、弾丸のモデルによって説明を試みた過去・現在↓現在の因果律に他ならない。

ここでは、このような客観的な因果律をまったく否定し去ろうとしているわけではない。船のモデルで説明しようとしている現在↑未来の因果律とは、そのような客観的な因果律（具体的には、物理的ないしは客観的な時間の流れ）を積極的に意味付けて受け止めようとする、主体的な存在としての人間性の理解が他方でなされねばならないのではないか、という提案なのである。つまり、過去↓現在→未来という客観的な因果律の否定ではなく、そのような客観的な因果律を十分に承認した上で、それを意味付ける側における主観的な因果律を人間性の理解に導入しようという提案なのである。

たとえ、未来ないしは未来像が過去ならびに現在の状況によって支えられている現在において描かれるものであったとしても、ひとたび個人の心のなかに描かれ抱かれた未来ないしは未来像は、もはや過去ならびに現在からの産物という地位に甘んじることなく、あたかも実在するかのように、時には過去ならびに現在以上の実在感を伴って、その個人の現実生活を強く規定するように機能し始めるのである。そして、人間性の理解に際しては、実在しているかどうかよりも、むしろ、そのような実在感があるかどうかの方が重視されなければならない。実際、精神病患者にみられる幻覚・妄想といった異常体験行動の多くは、まさしく実在ではなく実在感こそが人間の現実生活を規定していることを明確に物語っているよい例であろう。

四　生涯の中の凝視点としての未来

ここで、これまでとは少し異なった角度から未来について考えてみよう。すなわち、ここでは、知覚の場面における凝視点を例として用いることによって、生涯という長期の時間的文脈のなかで未来が果たしている役割について検討してみたい。

われわれの日常体験の中には、次のような知覚の場面での興味ある現象が起こっている。

走っている電車の窓から外の景色を眺めていると、近くの景色は、当然のことながら、電車の走行方向とは逆の後方へと去っていくが、遠くの景色は電車と同じ方向へと前方に動いているように見える。同一の視野内でのこのような矛盾した動きの知覚は、ある一点を中心として成立していることがわかる。つまり、明らかにある一点を中心に視野内での運動の知覚は成立しており、その一点より向こう側（遠く）の景色は電車の走行方向と同方向、すなわち、前方へ前方へと動いているように見え、その一点より手前側（近く）の景色は電車と逆方向、すなわち、後方へと去っていく。それらの動きの速さは、その一点より向こう側ないしは手前側へと、離れれば離れるほど速くなっていくように見える。しかし、しばらくすると、いつまでも電車を追いかけてくるように見えた遠くの景色も、次第に後方へと姿を消していってしまう。つまり、客観的には景色は最初から近くも遠くも後方へと去っていた証拠である。この場合の、景色の動きを逆方向に二分していたその一点は（厳密に言えば、この一点を中心として景色は回転気味の動きを示しているのだが）、よくよく注意してみると凝視点であるらしいことに気が付く。事実、凝視点を遠くの景色に合わせたり近くの景色に合わせたりすることによって、景色の動きの中心点を移動させることが可能である。この場合、凝視点は明らかに中心点になっているように思われる。凝視点が視野内の景色の動きの中心点となり得る範囲は、どこまで遠方に凝視点を向けても成立するように思われる。しかし、凝視点を近づけてきた場合には、あるところから手前では凝視点は中心点とはなりえなくなってしまう。どの位手前まで凝視点が中心点となりうるのかは、景色を見ている目の高さと電車（動き）の速さが関係しているようである。実際、目の高さを低くしたり、電車の速さが遅くなったりすると、それに応じて、中心点として成立する凝視点の位置をより手前に近づけることが可能なようである。

ここに述べた知覚の例は、直ちに未来の説明にそのまま当てはまるものではない。この知覚の例は空間的出来事であり、したがって、時間的出来事である生涯およびそのなかでの未来を説明するものとしては余りにかけ離れている。しかるに、敢えてこのような知覚の例をもち出したのは、われわれの人生における未来の意味を、もう少し詰めて考えてみるためのヒントとなりうるように思われたからである。

すなわち、このように考えてみてはどうだろうか。われわれにとって意味のある未来とは、人生の凝視点たる未来ではないかということである。この凝視点たる未来が、人生という時間的視野のなかでの中心点である。ビューラーの自己決定の五つの時期の基準とされていた人生目標とは、まさしくこの人生の凝視点である未来にほかならず、その意味で人生の中心点である未来にほかならない。

前述の知覚の例から類推するならば、この凝視点であり中心点である未来としての人生目標を境として、それ以前と以後とで優位になる主観的因果律が、現在←未来の因果律から過去←現在の因果律(もしくは過去・現在←現在の因果律)に交代するものと考えられる。すなわち、人は、人生目標以前の人生では未来から現在を意味付けるのであるが、人生目標以後の人生では現在から過去を意味付け直し始めるのである[15]。

たとえば、老年期にみられる回想ないしは追憶は、凝視点たる未来に到達してそれを越えた時に、初めて明確かつ恒常的に現れる現象だと解することができる。この場合、死ないしは死後という予期された未来からの規定が前提にあるものと考えられる。要するに、老年期になると誰にでも認められる回想や追憶は、一般には過去にしがみつき未来に生きようとしない老人の姿として解釈されがちであるが、未来の視点から自分の過去を意味付け直していると理解する方が妥当である。バトラー(Butler, R.N., 1964)も指摘しているように、その根底には迫り来る死の実感があって、人は回想や追憶を通して人格の再統合を図り、死への準備をしているのだと考えることができるからである。

したがって、老年期にみられる回想ないしは追憶の現象は、凝視点たる未来をもちえていたことと、死ないしは死後という未来を予期していることとの必然的帰結であり、未来を実感できることとともに、極めて人間的出来事であると考えられる。

一般に理性とよびうるものは、未来への志向性と過去への回想ないしは追憶とは切り離すことができない心の働きと言えるかもしれない。

五　人間性の所以としての未来

人生における未来の意味付けを、次のようにしてみることも可能である。

過去→現在の因果律（もしくは過去・現在→現在の因果律）は、見方によれば、人は過去によって、もしくは、過去ならびに現在の状況によって生かされているのだと言えないこともない。これに対して、現在←未来の因果律の立場からは、むしろ人はその向かうべき未来を自覚できた時に初めて人生の意味に気付くことができ、そして、その時から生きたいと強く願うようになるのだと言えるかもしれない。

ビューラーとともに伝記心理学的研究に従事したフレンケル（Frenkel, E., 1936）は、伝記心理学的研究の一部である内面的体験に関する資料の検討の過程のなかで、「事実、すべての人はただ生きたいだけでなく、存在する何らかの理由を得たがっている。この理由は、人でもありうるし、お金や地位といった物でもありうるし、また、宗教や科学といった観念でもありうる。」（p.14）と述べている。

フレンケルはまた、自殺未遂者たちの多くがその自殺の動機を、「もはや生きる意味を失った」からだと述べているというアンディクス（Andics, M.）の研究の結果を引用して、「この人生の意味─目標─の探究こそが、まさしく人間的な事柄のように思われる。」（p.14）と述べている。

結局、人間の人間たる所以とは、未来への志向性を自覚でき、未来に規定されうることだと言えるであろう。換言すれば、過去・現在に対すると同じないしはそれ以上の実在感を未来に対して抱きうることだと言えよう。

それ故、人間性の理解を真に目指そうとするならば、未来の意味が生涯の過程のなかでどのように変容していくかが当然問われねばならないであろう。ビューラーらの試みた伝記心理学的研究は、その先駆的な研究にほかならない。

六　未来からの日常行動の理解

未来の意味するところを具体的な例で考えてみよう。たとえば、反社会的行動をとる青年の場合を考えてみよう。この時、彼にそのような反社会的行動を促したと考えられる多くの要因を、彼が現在置かれている状況を含めた意味でのそれまでの彼の過去の生育歴のなかに指摘することは可能であろう。しかしながら、類似した要因をその生育歴のなかに見出すことができる他の多くの青年たちが、必ずしもそうした反社会的行動に走るとは限らないことを考慮してみるならば、その青年のそうした反社会的行動を単に過去の生育歴のなかに還元して済ませてしまうことには、少なからず疑問を禁じえない。むしろこの場合、その青年の抱いている未来像の歪みが青年の現実行動を反社会的行動に歪めているのだ、と考える方がより妥当なように思われる。

非行少年の場合にも同様の理解が可能である。すなわち、非行をその少年の生い立ちの貧しさとか現在置かれている逆境に結びつけることは、いともたやすいことである。しかし、もう一方で、その少年が歪んだ未来像を抱いていること、あるいは、その少年が明確な未来像をもちえないでいることと、その非行とを結びつけてみることもできるのではないだろうか。つまり、抱いている未来像の歪みのために、あるいは、向かうべき明確な未来像を抱くことができないがために、貧しい過去ないしは現在の逆境に押し流される結果になったのだ、と理解してみることができるのではないだろうか。そして、貧しい過去や現在の逆境との結びつきだけで非行が考えられる限りは、その非行は仕方がなかったものとして片付けざるをえないことになるが、未来像との結びつきで非行を考えていくならば、そこには大きな教育の可能性が横たわりうることになる。

これらの例でもわかるように、もし人がその過去によって、あるいは、その現在置かれている状況によって良きにつけ悪しきにつけ大きく左右されることがあるとすれば、このような場合はたいていが意志の弱さとして片付けられてしまう。しかし、それは、そのような過去ないしは現在の状況を意味付け直すことができるだけの未来像を自覚できないことに原因があるのであって、決してその過去ないしは現在の状況そのものが原因ではないだろうということである。そして、意志と一般によばれているものは、未来像の自覚の有無と密接に結びついていると考えられる。すなわち、向かうべき未来像が自覚されていれば周囲の誘惑に負けることはなく、したがって意志が強いということになり、そのような未来像が特に自覚されていなければ周囲の誘惑に乗り、したがって意志が弱いということになるのである。

これらの例から、結局、次のように考えてみることができる。

われわれは、確かに過去ならびに現在の状況から未来を意味付けるのであるが、それと同時に、その意味付けられた未来によって過去ならびに現在の状況を意味付け直すのだと言えよう。そして、未来によって意味付け直された過去ならびに現在の状況は、客観的な過去・現在→現在の因果律から主観的な過去←現在の因果律（もしくは過去・現在←現在の因果律）へと、その立場を変えることになる。既述のように、老年期の回想や追憶はその最も典型的な例である。老人は過去を単に想起して懐古しているのではなく、死を前にしてそれまでの人生を意味付け直しているのだと考えられる。過去ならびに現在は消し去ることはできないが、未来像に応じて意味付け直すことはできるのである。

最も極端な例としては、一般に「華麗なる変身」とよぶことができる急激な態度変容の場合が挙げられる。この場合は、言うまでもなく、そのような表現の由来を考えてみれば容易に想像がつくように、その人の過去の生育歴ならびに現在の状況を並べ立ててみても、そのような急激な態度変容の理解にはそれほど役立たない。この場合には、その人の未来像が急激に出現ないしは変容したために、そこに急激な態度変容が生じたと考えることができる。

この例の場合のように、未来像が急激に出現ないしは変容する契機となった事実を、われわれは一般に「出会い」と表現するのであろう。したがって、「出会い」とは、要するに、人や物や出来事に接することを契機として、それまで自覚できなかった、あるいは、それまで自覚していたものとは異なった自己の未来像にまさしく出会うことなのだと言えよう。

七　未来分析の手続き

人間のみが有する時間的自我への働きかけを私は一九七六年に未来分析（Future-analysis）と名付けた。未来分析とは、具体的には、われわれ人間存在にとって未来がいかに重要な役割を担っているかということに気付かせて、未来に目を向けさせ、未来のもつエネルギーを活用させることである。

既に述べたように、人間には自己決定の自由があり、この自己決定の自由の行使は何者にも束縛されることがあってはならない。この、未来を選択しそれに向かっていける自由は、したがって、個々人に委ねられているのであって、未来分析といえどもこの自由を侵害することがあってはならない。未来分析の目的とするところは、あくまでも未来の重要性を気付かせることにあるのであって、それ以上の働きかけになってはならないのである。換言するならば、自己決定の自由を自覚させるに止めるべきであり、これを侵害してはならない。

それ故、未来分析の具体的な手続きは、本書のこれまでの記述を中心に、未来がわれわれ人間にとっていかに意味あるものであるのかを分かり易く説明することである。そのような未来の意味深さを説明していく過程で、未来という視点の重要性が理解されるようになり、自己決定の自由を自ら行使できるようになっていくのである。実際、そうした事例をこれまで数多く経験している。たとえば、次の文面はその一例を示している。

『前略、○月○日（水）に○○○で先生のお話をうかがった者ですが、たいへん感動し胸を打たれる体験をさせていただき、ありがとうございました。私は、今まで挫折の多い人生（ほんの三十年ですが）を送り、思いもよらない方向に進んだ結果、今、保健所で働かせてもらっております。幼い頃から「人間は何によって生かされているのだろう」と疑問を持ち続け、医学部に進み、いろいろ研究したいと考えていましたが、結婚、出産によりその道を一時的（?）に断念せざるを得ず、思いあぐねておりました。先生のお話で、人生はまだまだ軌道修正できると、生きる意欲が出て来ました。

「〇〇」の専門ですが、今後ともよろしくお願いいたします。かしこ』

こうした事例を示してもなお、この手続きはあまりに消極的すぎると言う人がいるかもしれない。しかりである。それは前述したように、各人に固有な自己決定の自由を侵害しないためである。未来分析は、無意識の世界への侵入を企てるものではなく、意識の次元に働きかけることを目的としている。したがって、未来分析は、これまで生きてきたことを説明するためにではなく、これから生きていくために各人が意識の力を発揮することを促すのである。十分なる自覚をもって（すなわち意識して）、未来を起点とした、未来に向けての人生の再体系化の契機を提供するのである。こうした意味からすれば、未来分析というよりも未来統合（Future-integration: Life Reorganization toward the Future）とでも言うべきかもしれない。

もし、この手続きを積極的に、すなわち自己決定の自由を侵害するような形で進めたとしたならばどうなるであろうか。

そうした体系が宗教ではないかと思う。事実、宗教は紛れもない未来分析の一つである。何故ならば、宗教は未来（来世）を起点として、その未来像（来世像）に到達するための現実の生き方（戒律）を説いているからである。宗教が多くの人々の心を捉えて離さない所以は、まさしくこの事実、すなわち未来に由来しているという事実にあるのである。出会いとは自己の未来像に出会うことなのだと既述したが、この出会いの体験がしばしば宗教的体験上でなされるのはこのためである。つまり、見出しかねていた自己の未来像を、宗教体系の有する未来像を受け入れることによって満たし、その結果必然的に現在どうあるべきかに気付き（つまり戒律を受け入れ）、それとともに自己存在の充実感を味わうのである。ここでは明らかに、自己決定の自由が、自己の未来を選択しそれに向かっていける自由が、単に既設のレール上を移動していけるだけの自由にすり替えられてしまっている。

こうした意味からすれば、未来分析は個々人の宗教体系を作り上げる契機を提供することだと言えなくもない。この個人的宗教体系が一般に希望や信念と呼ばれているものに他ならない。未来は、既に述べたように、実在ではなく実在感である。したがって、個人の抱く未来像は論証の対象ではなく、信じるか否か（実在と感じるか否か）という信仰の次元の問題である。そして、それを信じることのできる人間がいかに精神的にも身体的にも強いか、逆に、それを信じることのできない人間はいかにもろいかということは、日常体験のなかからも容易にうかがい知ることができるし、何よりも第五章で紹介した伝記心理学的研究の成果と強制収容所での体験記がそのことを雄弁に物語っている。

ここで、未来分析の対象者に制限があることを述べておかなければならない。それは、未来分析は青年期以降の人たちに対して有効な手法であって、それ以前の子どもたちには十分な効果が期待できないことがあるということである。何故ならば、未来分析は時間的自我に働きかける方法だからであり、この時間的自我は、既に第四章の自我発達の三次元モデルのところで説明したように、青年期以降において明確に認められ、それ以前の時期ではまだ明確に出現していないからである。(16)

しかし、子どもたちへの未来分析はその保護者を通して可能であることも付け加えておきたい。すなわち、保護者が一時的・代理的にその子の未来像を設定するのである（このことは明確に自覚されていないだけで一般にしばしばなされている)。この場合に、その未来像は子どもが青年期に達して自らの未来像を自らが抱くようになるまでの仮の代用であることを忘れてはならない。それが仮の一時的なものであるにせよ、保護者がその子のために設定する未来像は、その子の自我発達に対してきわめて大きな影響力をもつことも十分に考慮されなければならない。この意味で、保護者たる世の親たち、世の大人たちは子どもたちに対して重大な責任を負うているのである。さらにまた、子どもたちに大きな失望を与えるのは、親たち自身、大人たち自身の自らの未来像の無自覚ないしは喪失であることも忘れてはならない。

障害児教育も、したがって、その一部に保護者に対する未来分析を含むことが強く望まれる。未来分析を通して、子どもたちの障害を前向きに意味付け直すことができるからである。そこでは、子どもの未来像と同時に、それ以上に保護者自身の未来像が重要な役割を果たすからである。第一章で述べたように、われわれはただ未来の視点からのみ健全に苦悩することができるのである。

今日においては、家族の絆や社会の絆といった人間同士の絆が非力となりつつあり、われわれ人間はそれだけ(自己逃避の自由という意味で)自由に行動できるようになった一方で、ともすれば、それが行き過ぎて欲望の渦中に巻き込まれやすくなっている。もはや誰も制してはくれず、誰も救ってはくれない時代が到来しつつあるのである。自分を統制してくれるものが姿を消しつつあるこうした時代にあって、われわれは自らをもって自らを統制していかなければならないのである(福祉社会の進行と何と対照的であることか)。既に、一般に意志とよばれているものはその人の未来像の有無に関係していることを述べたが、その意味で、これからの時代はますます自らの未来像が必要となるのである。それは個々人の水準でも、社会や国家の水準でも言えることである。

伝記ではしばしば未来を見つめてその人生を生き抜いた人たちが描かれている。それは伝記作家の意図的な記述なのかもしれないが、しかし、やはり伝記に残るような人たちというのは、言わば人生の北極星に相当する何かを未来に見つめながら生きた人たちなのであろう。船が北極星を頼りに航海する限り、どんな荒波が押し寄せようともその進路を最終的には見失わなかったように、そのような人生の北極星を見つめ続けた人たちは、その人生を見失うことがなかったのであろう。

未来分析とは要するに未来の意味深さに気付くように促すことであり、それ以上のものとなってはならないが、しかしながら、未来分析に基づく新たなる人間観の提起はなされなければならない。その課題は二十世紀から二十一世紀へと向かって生きているわれわれの世代に託された最大の課題であるように思われてならない。そのために、われわれは、われわれ人間のみが意志未来を有しうることを今こうして自覚したのである。

われわれがどのような未来像を抱くかは、人間以外の存在者にとってもまた重大な関心事であることを忘れてはなるまい。

第七章　新しい発達科学の創造

さて、ここで、以上の記述とは前後するが、未来分析の着想を得たもう一つの契機について述べてみることにしたい。それは、私が発達研究を深めていく過程で、発達心理学から発達人間学への道をたどり始めたことである。

一　発達人間学の誕生

これまでの人生を振り返るための発達理論ではなく、これからの人生に向かっていくための発達理論を構築したい。過去を悔いるための発達理論ではなく、未来を志向するための発達理論を構築したい。他者の過去を覗いて論ずる発達理論ではなく、自分の未来を見つめて考える発達理論を構築したい。これらは、私が、これからどのような人生を歩むべきかを暗中模索する日々のなかで、次第に人間の発達の問題にのめり込み始めた頃に心密かに抱いた思いであった。この思いは発達研究を深めていくにつれてますますつのっていった。それは、従来の発達研究に対する疑念が次第に強まっていったからである。

従来の発達研究は、多かれ少なかれ、それぞれの時期に達成すべき課題を解明し、それが達成された場合と達成されなかった場合の結末を説明している。こうした発達研究の成果は、これから人生を生き始めるまだ無垢の状態にある者には有効ではあろうが、既に人生をある時期まで生きてきてしまった者にはほとんど役に立たない。今となっては取り返しのつかない過去を強調されることは、人生を悔やみ諦めることには役立つであろう。しかし、発達研究はこれでよいのであろうか。確かに気付いた時は「時既に遅し」ではあるが、われわれ人間は往々にしてそのような気付き方しかできないのだとしたら、それを悔いや諦めへと誘うのではなく、むしろ気付いたことを幸いとし、その時点から意欲的に新たな人生の一歩を踏み出すことを勇気づけるような、そのような発達研究を展開していく必要があるのではないだろうか。

発達研究が目指してきたことの一つに、発達の要因の解明がある。しかし、その要因の解明には、「遺伝か環境か（氏か育ちか nature vs. nurture）」をめぐる長い論争の歴史からも自明のように、未来という要因はほとんど考慮されてきてはいない。「遺伝か環境か」であれ「遺伝も環境も」であれ、そこで考慮されてきたのは、現在を含めての過去にほかならない。確かに、過去は白紙に戻すことはできないし、その限りにおいては重要な要因ではあろうが、だからといって、過去の重荷だけを強調する結論はあまりに早計である。何故ならば、われわれ人間は未来を見つめることができるし、未来の視点から過去を意味付け直すことができるからである。この点を重視したならば、人生のどの段階であれ、どの段階からでも、一度気付いたらその時から新たな人生を歩み出すこともまた十分に可能なはずである。

私はそのような発達理論の構成が是非とも必要であると感じたのである。そして、そのための発達研究を意欲的に展開していく時期が到来していると痛感したのである。

このような理由から、私は「発達人間学序説―人間性の心理学的理解のための統合的観点としての発達研究―」(1976)を著わすことになった。この著書は、第一部　人間発達のモデル、第二部　人間発達の因果律、第三部　人間発達の研究法、から成り、第二部で未来分析の可能性を提起している。

この著書のまえがきは、私が最も心を込めて書いた部分であり、発達人間学の誕生の必然性と輪郭を端的に述べている。以下にその抜粋を紹介してみたい。ちなみに、このまえがきの一部は、生涯発達科学会の機関誌である「発達人間学研究」の創刊号（一九七七年）の巻末にも引用されている。

『十九世紀の半ばから二十世紀の初頭にかけての時代は、それまでの人間観が根底から覆された時代であったと言ってよいであろう。人類の思想の歴史は、この時代を経過する過程の中で、それまで支配的であった言わば宗教的人間観が、新たに登場してきた生物学的人間観に取って替えられるという、かつてない出来事を体験するに至った。これは、その出現以来現在に至るまで、関連学界のみならず、広く思想界ならびに一般社会全体にまで浸透し、強い影響を及ぼし続けてきた二つの学説が、共にこの時代に世に現れたことに起因している。

すなわち、その一つは、一八五九年にダーウィン（Darwin, Ch.R.）によって体系づけられた進化論であり、もう一つは、一八九五年頃からフロイト（Freud, S.）によって創始され体系化が進められた精神分析学に他ならない。

前者は、それまで神の下僕とされ、また、万物の霊長としての地位を享受してきた人間を、人間もまた猿から進化したものに他ならないという主張を通して、他の動物と同列に引きずり込んだ。後者は、これに拍車をかけるかのように、人間の精神生活を無意識の領域内に抑圧されている性的衝動としてのリビドーの働きに帰することを通して、それまでの長い歴史の中で培われてきた人間存在の崇高性と尊厳性を、人間から完全に引きはがしてしまった。これらの学説の本意がそのような結果にあったかどうかは別として、少なくとも一般にはそのような文脈で受け止められたことは否定し得ない。

このように、一方で進化論が、他方で精神分析学が、人間存在をその精神生活まで全て生物学的存在へと帰せしめ、その結果、人間観は完全に生物学的色彩をもって塗り替えられた。それは、時代が進むにつれていよいよ顕著なものとなってきた。

確かに、人間は何よりもまず生物学的な存在である。その生涯は受精と死という生物学的な出来事に規定されている。したがって、生物学的な観点から人間存在を語ろうとすること自体には何ら問題はない。問題なのは、そのような際に、人間はまた同時にそうした生物学的存在である自己を思惟し得る存在でもあるということを時に忘れがちな点にある。

実際、人間は動物でありながら、動物であることを思惟し得ることによって、他の動物のなし得なかった歴史をこれまで作り上げてくることができたのだし、そしてまた、これからも歴史を積み重ねていけるという確信を抱き得ることを、忘れてはならないであろう。

遺憾ながら、この二十世紀における人間性理解のための科学的な努力の多くは、この自明の事実をほとんど無視してきた。これまでしばしば声を大にして叫ばれてきた人間性の回復の要求は、結局は人間存在の正当な理解の要求であり、見方によれば、生物学的人間観によって代表される自然科学的人間観の、その一面的な人間性理解からの脱皮の要求でもあったと考えることができよう。

時は二十一世紀へと刻々と近づきつつある。来たるべき新世紀の科学的な人間性理解のための歩みは、単に他の動物との差異性（換言すれば、人間存在の自己思惟性）の強調のみに終始してはならないし—それは、かつて宗教的人間観を支えてきたのだが—、また、他の動物との類似性（換言すれば、人間存在の動物性）の追求のみに限定されてもならない—それは、これまでの生物学的人間観を支えてきた—。存在は常に他の存在との類似性と差異性の両面をもって解き明かされねばならない。したがって、人間観もまた、この両面に立脚したものでなくてはならないであろう。

もし、人間が今日、個々人の水準でも、国家の水準でも、あるいは人類全体という水準でも、何らかの行き詰りがきていることを素直に認めるとするならば、それは、これまで類似性のみに根ざした生物学的人間観に異常なまでに執着してひたすら信奉し、故なき安寧を貪ってきたこと（かつての人間存在を差異性のみによって解き明かそうとした宗教的人間観に対しての反動とも言えようが）の、一つの当然の帰結であるとも考えられる。本書で試みようとしている人間性の理解に際しての発達研究の独自性の主張は、要するにその背景にある発達的観点と一般に呼ばれている独自な観点の主張に他ならない。これは、現段階では冒険にも近い試みとも思われるであろうが、まさしく類似性と差異性（もしくは一貫性と変動性）とを同時に踏まえることを通して人間存在の独自性を明らかにしようとする、言うなれば第三の人間観の提起に他ならない。

いずれも人間存在の一面のみにしか立脚していない宗教的人間観ならびに生物学的人間観の単なる踏襲ではなく、それら両者を統合した新しい人間観の提起こそ、諸科学の調美たる心理学に本来求められてきた使命そのものに他ならないと言えないであろうか。これまで心理学はこのことに余りに無関心であり、ただひたすらにその研究領域の拡大にのみ精を出してきた。しかし、心理学が学としてのその独自性を主張し得るか否かは、そうした研究領域の大小によってではなく、ひとえにこの心理学的人間観をどこまで確立し得るかにかかっているということを見逃してはならないであろう。

したがって、著者が本書に期待したのは、これまでの記述で明らかなように、心理学研究における発達研究の独自性を明確にし主張することを通して、そこに、言うなれば発達的人間観を提起してみることにあった。これが、本書の表題を単に発達心理学序説とはせずに、「発達人間学序説」とし、その副題を「―人間性の心理学的理解のための統合的観点としての発達研究―」とした主たる理由である。それ故、従来の科学的文脈を離れたいわゆる人間学とは必ずしも軌を一にするものとは考えていない。』

表3　発達科学の体系（守屋, 1985, p.67）

	発達科学 (developmental human science)	
	発達心理学 (developmental psychology)	発達人間学 (developmental humanology)
基本的アプローチ	自然科学的アプローチ	人間科学的アプローチ
基本的立場	人間以外の他の存在者の現象と同次元上で人間の「現象」を問題にする (他の存在者との類似性を問題にする)	人間以外の他の存在者の現象とは別次元上で「人間」の現象を問題にする (他の存在者との差異性を問題にする)
研究態度	人間現象を「他者の現象」として「物化」して「客観的」に「測定」する (他者志向型・他者分析型)	人間現象を「自己の現象」を中心に「人間化」して「主観的」に「了解」する (自己志向型・自己分析型)
人間現象の捉え方	人間現象を「能力現象」として捉える	人間現象を「自我現象」として捉える
追究される法則性	多数の人間の能力現象の共通の重なりとしての言わば「最大公約数としての法則性」を追究する	すべての人間現象を包含し得る人間観の枠組としての言わば「最小公倍数としての法則性」を追究する
重要視されるもの	「最新のデータ」を重視する (発見的研究姿勢)	「人間観」を重視する (発明的研究姿勢)
具体的な問題の解決法	実態調査などの結果に基づいて「大多数がそうであるからそうするべきだ」という形で「対症療法的な問題解決」を図る (現状からの見通し・立案を図る)	人間の独自性に照らして「人間の本来の姿はこうであるからこうするべきだ」という形で「原因治療的な問題解決」を図る[1)] (人間の独自性からの見通し・立案を図る)
問われる実在	能力現象という「客観的実在」	自我現象という「主観的実在」
知見の実証性	客観的に測定された他者の現象に関するデータによって裏付けられるか否かという「客観的実証性」	自分自身の人間現象と矛盾しないかどうか、人間の独自性と矛盾しないかどうかという「主観的実証性」
立脚する因果律	過去→現在→未来という物理的な時間の流れに従った「自然科学的因果律」をもって能力現象としての人間現象を測定し説明する	現在←未来の因果律といった物理的な時間の流れに従わない「人間科学的因果律」をもって自我現象としての人間現象を了解し説明する
研究成果の適用	他者に適用する (他者への実践)	自分に適用する (自己への実践)
強調点	過去・現在の強調 (これまでを強調)	未来の強調 (これからを強調)
問題とされる未来	単純未来	意志未来

1）人間の独自性については，巻末の註の(18)を参照されたい。

このようにして、私は、発達心理学から発達人間学への道をたどり始めることになったのであるが、そのことが、未来分析の着想を更に一層鮮明なものにさせる重要な契機となったのである。

ここで、発達心理学と発達人間学の相違点を明確にしておく必要があろう。現段階での私の構想では、狭義には、発達心理学と発達人間学は発達科学の両輪を構成するものであると考えているが、広義には、発達人間学は発達心理学をその一部に含むものと考えている。

表3は、両者の特徴を比較してみたものである。両者は、ともに発達科学の一部であるという点では共通しているが、その依拠する立場と目的は明らかに異なっている。表3から知られるように、発達心理学で重視されるのは、現象であり、能力であり、客観性であり、現在を含む過去であり、最新のデータであるが、発達人間学で重視されるのは、人間であり、自我であり、主観性であり、未来であり、人間観である(17)。

二　人間観の役割

紙面の都合もあるので、表3の記述の詳しい説明については巻末の註17や別の論文（守屋，1985，1989a）を参照願うことにして、以下に発達人間学で最も重視される人間観の問題について簡単に述べておきたい。

われわれは時に人間観の役割を見逃しがちであるが、人間観がいかに重要であるかは次のようなたとえによって容易に理解することができよう。

かつて正月に興じる遊びに、かるた、すごろくに加えて、福笑いがあった。紙の上に描かれた阿多福の顔の輪郭内に、あらかじめ用意されている眉、目、鼻、口の紙片を、目隠しされた状態で置いていく遊びである。目隠しをされているから顔の輪郭がつかめない。そのために、この辺に目を置けばよいだろう、この辺に口を置けばよいだろう、と当て推量で置いていかざるをえない。そのために、その出来上がっていく顔は実におかしく、それを見て皆が笑い転げるといった、たわいない遊びである。

ところで、あの遊びのおかしさはどこから由来するのであろうか。眉も、目も、鼻も、口も、いずれの紙片も完璧に作られている。それにもかかわらず、その配置が少しずれただけで何ともおかしな顔が出現するのである。完璧である部分が、顔の輪郭が曖昧になったために、その本来の位置を失った結果である。

この福笑いの遊びにおける顔の輪郭の役割は、人間理解における人間観の役割と同様ではないだろうか。健全なる人間観を欠如した人間理解は、福笑いの遊びと同様の結末になる危険性があるのではないだろうか。福笑いは遊びであるから皆で笑い転げればそれで終わりである。さらにまた、おかしさを誰もが確認することができる。しかし、健全なる人間観を欠如した人間理解のおかしさは、第一に、そのおかしさを容易に確認することができないし、第二に、そのおかしさはその場だけで終止することは稀であり、われわれ人類の将来に大きな影響を及ぼしかねない。

確かに、人間観など特別に意識しなくても、われわれは日々の生活を送ることができる。それは、顔の輪郭は曖昧であっても、眉や目や鼻や口の紙片を紙の上に置いていくことができるのと同様である。そのために、われわれは人間観が果たしている重要な役割をいつしか忘れてしまうことになる。人間観など特別に意識しなくても生きていけるという現実が、人間観の重要性を見えなくさせてしまっている。しかし、その結果としての日々は、やがてその方向を誤り、あるいは見失い、人類は滅亡への道を歩み始めることにもなりかねない。

その一例として、最近の臓器移植と脳死の問題がある。臓器移植によって生命を救うためには、その臓器を提供する者が必要である。臓器提供者は臓器を提供するためには死ななければならない。しかも生きた臓器を提供できるように死ななければならない。そのためにはどこかで生命を操作する行為の介入が必要である。その行為の合法化のために死の判定基準として脳死の導入の問題が議論されてきている。この問題の扱われ方をみていると、命を救うという現実ばかりが優先されて、人間観の問題への影響は全く考慮されていないように思われてならない。

この問題の議論がこのままの方向でさらに展開されていくことになれば、人間を救う行為が、やがては人間を滅ぼす行為になりかねない。何故ならば、臓器移植と脳死の問題は、これまでに何度か指摘してきた（守屋, 1985, 1989a, 1990）が、人間の物化《ものか》を当然視する見方、人間を物として割り切る人間観を世間一般に流布させてしまう危険性を宿しているからである。そのような人間観が優勢になった場合の悲惨な結末については、今更語るまでもないことである。

三　発達心理学から発達人間学へ

さて、本稿を終わるにあたり、以下の点を再度確認しておきたい。

私が未来分析で強調したい点は、どのような過去を持ち、どのような現在にある人でも、未来の視点から、そうした過去や現在を意味付け直すことが可能であるし、したがって、もし望むならそうした過去や現在とは独立した新たな人生を展開していくことも可能であるということである。換言するならば、人生はその前半生で進路が決められてしまう弾丸のようなものでは決してなく、自由意志という舵を操って進路をその折々に自己決定していく船のようなものであり、その舵がどこまで有効に操られるかは意志未来の行使の如何によるという点である。しかも、意志未来によって人生の軌道修正を図ることは、何歳になっても可能であるという点である。

この点から考えると、従来の主要な発達理論の多くはあまりに人生の前半生の過ごし方を重視し過ぎており、人生の前半生が後半生を規定するという可能性ばかりを強調し、前者が後者によって意味付け直されるという可能性を考慮していない。未来分析の立場からすれば、人生はどの時期であれ、同等の自我発達の可能性を有している。自我発達に関しては早い遅いはないのである。一部の能力を除けば、能力発達にもこのことは当てはまるかと思う。

この点は強調しておく必要がある。なぜならば、一般には前半生で人生は決まってしまうと考えられがちだからである。理想的な前半生を過ごせた一部の人はいざ知らず、多くの人にとっては、そのような運命論的な考えはただ人生を萎縮させるだけである。もし、いつからでも人生は新たなる挑戦が可能であるという発達論が成り立つならば、どんなに多くの人々がそれによって勇気づけられることかもしれない。

過去の如何にかかわらず、未来に向かって新たな線分を引き始めることが人生のどの時期からでも可能となるような、そうした論拠となり得る発達科学の構築を目指しているのが、私の構想した発達人間学（developmental humanology）である。発達人間学とは、こうした意志未来の問題をはじめ、他の動物には見られない人間の独自性に焦点を当てた発達科学の新しい研究領域を意味している。それは新たなる人間観の提起でもある。

「発達心理学から発達人間学へ、時代はそれを待ち望んでいる。」これは、私が二十九歳の時に「発達人間学序説」の原稿を書いている折に手帳に記した言葉であるが、本稿を書きながら、今また改めてこの言葉をかみしめている。

補遺　自我発達と反抗期

一　はじめに

守屋でございます。ただいま本日の講演会の趣旨説明がございましたが、それをお伺いしながら、どうも私がここに立たせていただくのはふさわしくないのではないか、もっと名の通った方のほうがよかったのではないか、と考えておりました。しかしながら、折角こうして機会を与えていただきましたので、日ごろ考えておりますことの一端を時間の許される限り精一杯お話させていただきたいと思います。よろしくお願い致します。

私の経歴についてご紹介いただきましたが、私は以前には東京都老人総合研究所でもっぱら老年期を中心に人生の後半生の研究をしておりました。その前には日本女子大学児童研究所で幼児期を中心に人生の前半生の研究に没頭しておりました。したがって、人生の初めの方から終わりの方まで一応研究したことになり、その辺で培った人間の発達についての見方や考え方が障害児教育に役立つのではないかということで、大阪教育大学に参りました。もういつの間にか十五年程が経過致しましたが、まったくの無名ですので、このような場でお話させていただくのも今回が二回目ぐらいかと思います。どうか不慣れな点をお許し下さい。

さて、私はイギリスのオックスフォード大学でしばらく学ぶ機会がありましたが、その折に非常に良い勉強になったことがありました。

イギリスは雨が多い国です。われわれ日本人は雨が降ってくると慌てて傘をさしますが、イギリス人はあまり傘をさしません。物の本に書いてあったのですが、イギリス人は雨が降っても傘をささない、というのは本当のことでした。皆平気で濡れて歩いています。イギリスで傘をさすのは日本人か中国人だと言われているぐらいで、とても不思議に思いました。皆ずぶ濡れなのに平気で歩いている。どうして傘をささないのか。傘を買う余裕がないほど英国は落ちぶれたのか…。実はそういうことではないのです。ある人に聞きましたらこういう名言が返ってきました。「降り続く雨はない。」と言うのです。「ずっと降り続く雨はない。だから心配することはない。傘をささなくてもそのうちに雨は止むよ。」こういうことを言われまして、これはイギリスに来てひとつ良かったなと思いました。われわれは、雨が降れば傘をさす、傘をさせば濡れない、こういう一定の図式ですべて物事を考えてしまいます。この点では非常に驚くべき柔軟な対応をイギリス人はしているなあ、と感心しました。見方によっては何の対応もしていないとも言えるわけですが、とにかく私は感心致しました。そして、こうしたイギリス人の発想は私の発達研究上の観点とかなり符合しているようにも思いました。

今日は、私の話が皆さんのご期待にお応えできる内容のものであるのかどうかは別に致しまして、教育をめぐる諸問題を、反抗期の問題を中心に発達的な観点からお話させていただきたいと思います。

二　人間の発達にとっての反抗の意味

話を進める前に、最初にお断わりしておかなくてはならないことがあります。それは、私の専門は臨床心理学ではなく発達心理学であるという点であります。臨床心理学と発達心理学は、同じように人間の問題について研究し、より良い対処の仕方を考えていこうとしているわけですが、両者の狙いには相違があるように思います。すなわち、臨床心理学では問題が最終的に解消されればよいわけです。ですから、問題行動が見られなくなったら臨床心理学ではそれでよいわけです。私がやっている発達心理学は、問題を解消することにではなく、その問題をいかに発展させていくかということに主眼を置いております。したがって、その点で、今日の私の話は、皆さんからすればあるいは手ぬるいとか痒い所に手が届かないという印象をもたれるのではないかと思います。けれども、私は問題を解消してしまうのは大変もったいないことだと思っております。折角そこに問題行動を起こすエネルギーが出ているわけです。このエネルギーを単に放散させてしまうのではなく有効に活用したらどうか。活用したらエネルギーですから、適切な方向性さえ見出せれば、今度は人生に対する強力な力となって、今まで問題視されてきたその行動が逆に良い行動として発展していく可能性は十分にあるわけです。そんなことをちょっと念頭に置きながらこの反抗期の話をさせて戴きたいと思います。

私の子どもも今まさに反抗期の真只中におります。ちょうど夏休みで二人とも家におりますが、朝から晩まですべてのことに反抗します。よくここまで反抗できるなあと感心しております。

私自身もかつては非常に反抗的な時期がありました。私の反抗は家の中にではなくもっぱら外に向けられました。一例を挙げてみますと、当時私が通っていた中学校は木造校舎でした。若い世代の方はご存じないかもしれませんが、木造校舎にははめ板というのがありました。腰板とも言うのでしょうか。要するに教室や廊下の壁面の下部に木の板がはめてあるわけです。そのはめ板を飛び蹴りをして割って歩いたりしました。こうした自分自身のことを考えてみましても、どうも人間というのはある時期むしょうに逆らいたがると言いますか、暴れたがると言いますか、持っているエネルギーを何かにぶつけたがるところがあるように思います。

さて、このような反抗という現象は、われわれ人間が発達していく上でどのような意味をもっているのでしょうか。そのことを少し考えてみたいと思います。

反抗について考える場合に重要な示唆を与えてくれる身体面の現象があります。それは拒絶反応または拒否反応とよばれている現象です。この現象は、和田寿郎教授が心臓移植を行なった時に盛んに新聞紙面で騒がれましたように、臓器移植を最も困難にしている生体の顕著な反応であります。

われわれの身体は、外から異物が侵入した時にまず最初に拒絶的に振る舞うという一つのメカニズムをもっています。身体は常に一定の均衡状態を維持しようとしているわけですが、そこにたまたまある異物が侵入してきた場合、その均衡状態を保つ一番単純な方法は侵入してきた異物を拒否し排除することです。その異物が排除しきれない場合には、今度はそれを受け入れて均衡状態を再構築することになります。この段階に至って初めて移植された臓器は身体内に定着することができるわけです。

侵入してきた異物を排除しようとするこの拒絶反応は、さらに大きな概念では免疫反応とも言われますが、かなり強力なものです。たとえば、女性が妊娠しますと、母体は最初は胎児を異物として捉え、つわりが起こります。つわりは一種の拒絶反応だと考えられます。もし胎児がその拒絶反応に耐え抜けば、今度は母体はその胎児を受け入れて新たな均衡状態を作り上げていくことになります。夏の食中毒なども同じことです。身体の中に細菌という異物が侵入する。その異物をなんとか排除しようとする。そこで嘔吐や下痢が起こるわけです。

実は、われわれの精神的な面でもこのような一定の均衡のとれた状態を保とうとする機能が存在していると仮定してみることができます。すなわち、反抗という現象は、外部から何かが侵入する、あるいは、内部で何かが出現することに対する一種の拒絶反応であると考えてみることができるように思います。この反抗という現象は、さきほどの臓器移植の例からも類推されますように、かなり強烈でありますから、周囲の者からすれば非常に扱いにくいわけです。しかし、当の本人にとってはまさに新たなものが侵入しようとしている。新たなものが生まれようとしている。そして、この反抗をうまく乗り越えると、そこに新たな発達がなされていくということになるのだと思います。こう考えると、親や教師からすれば、子どもの反抗というのは非常に扱いにくい、対処の仕方がわからない厄介な問題ということになるわけですが、その子自身においては、実は反抗が現れるということは、さらなる自我の再編成がそこに行なわれていく可能性をむしろ宿しているということになるわけです。このように考えてみますと、反抗は自我発達の重要な指標であり、反抗なきところに新たな発達がありうるのだろうかといった疑問さえ生じてきます。

一例を挙げてみたいと思います。いわゆる非行少年を更生させる学園があります。ちょっと学園の名前は忘れてしまいましたが、その学園の教官として私の後輩が赴任しました。ある時その人から話を聞く機会があり、その時に私のこの反抗のメカニズムの仮説があるいは妥当かなと思ったことがあります。

その子どもたちはいろいろな意味で反社会的な行動をしてそこに至った子どもたちです。当然、教官の役割の一つは、次にそういう行動を起こさないようにその子たちを諭すことです。その人が観察した結果によりますと、この諭す時に、ある子どもたちはものすごく反抗的に振る舞います。たとえば、ある種の問題行動を起こして入って来た子どもたちがいたとします。その子どもたちに未成年の段階でそういうことをしてはいけないということを諭したとします。そうすると、ある子どもたちは嘘ぶくのだそうです。何を言ってるのか、おまえたちだって同じようなことをしているじゃないか、とこういうふうなことを言うのだそうです。他方で、別の子どもたちは、そういう諭すような話をした時に涙を流して、本当に私は愚かなことをしました、二度と先生のお世話になるようなことはしません、これからはまっとうな人生を歩みます、というふうに答えるのだそうです。こうした二つのグループが存在することは、皆さんも生徒指導などを普段なさっていらっしゃる経験から、およそ察しがつくだろうと思います。問題なのはその両方のグループの再犯率です。その人の話によれば、諭された時に涙を流して二度とそのようなことは致しませんと言った、つまり、教官の側からすればすごく素直な子どもたちの方が再犯率が高いのだそうです。そして、諭された時に反抗的に振る舞い嘘ぶいた子どもたちの方が再犯率が低いのだそうです。

無論、この点に関しては幾つかの説明が可能です。たとえば、嘘ぶいて、逆らって、そういう反抗的な態度に出られるような子どもたちはある種の生活上のたくましさや知恵をもっている。だから、二度と捕まらないようなやり方で相変わらず同じような行動をとっているのだ、という仮説も成り立たないわけではありません。しかし、私はそういう仮説を採用するよりも、むしろ、その点から反抗のメカニズムを考えてみたいわけです。つまり、われわれは何かを本当に自分の中に受け入れようとする時に、最初からそんなに素直になれるのかどうかが問題だと思うのです。それが今の自分にとって重大な問題であったり、将来の自分にとって非常に大きな影響を及ぼすような問題の場合には、われわれはすぐには心を開かずに、むしろ戸惑ったり、とにかく反抗したり、そういう形で最初は対応するのではないかと思います。

たとえば、私が今日こうしてお話をさせていただく。大した内容でなければ何も身構えずに聞くことができますし、何の身構えもなければただ音として素直に耳のなかに入りますね。しかし、残念ながら、何の身構えもない場合には、音として入ったものは、その時は記憶に残ったかのように思われますが、それこそ右の耳から左の耳に抜けていってしまうということになりかねないわけです。しかし、私の話にある程度の内容があり、そのためにある種の反発を感じながら聞いたとします。若いくせに生意気なことを言うなとか、いろいろな反発があるだろうと思いますが、とにかくいろいろな形で反発を感じながら結果として聞いてしまったとします。さて、どちらの方が後に私の話を思い出してもらえるか、こういう問題でもあるわけです。

こういうふうに考えますと、実は反抗的に振る舞っているというのは決してネガティブな意味だけではないのではないか。要は、反抗的に振る舞っているという現象をわれわれが受け止めかねている、意味付けかねているだけではないのか。だから、単に、この子は扱いやすい、この子は扱いにくい、という二分法だけで分けてしまって、自我発達における反抗の本当の意味を理解しえないでいるのではないか。こんなふうに思うのです。

その後、その人に会う機会がありませんので、同様の観察をその後もなしえているのかどうかは残念ながら確認できておりません。しかしながら、あることをやって叱られて、素直に謝って、またすぐにやるという、そういう性懲りのない子どもがいることを考え合わせますと、いま紹介した観察例はかなり妥当なものであるように思われます。そして、観察例が示唆している意味を考えますと、われわれは人間発達における反抗の意味をもう一度もっと積極的に前向きに捉え直してみたらどうだろうかと思うのです。大体、小さい頃から良い子で育った子どもが一生涯良い子で終わるかというと、どうもそうではないようです。人生の前半生で手がかからなかった子が一生涯手がかからないかというと、そんなことはないのでありまして、必ずどこかで手がかかります。家で良い子は多かれ少なかれ社会に迷惑をかけていると思った方がよいようです。社会に迷惑をかけている子は結構家の中では良い子だったりするわけです。

三　発達のジグザグ性からみた反抗の意味

われわれ人間というのは決して一様に発達を遂げていくわけではなく、あちらにぶつかったりこちらにぶつかったりしながら生きていくのだと思います。このことは発達研究の成果からも判然としていることであります。一例を挙げてみますと、われわれには利き手というものがあります。私は右手利きですが、皆さんも右手利きの方が多いと思います。では、利き手はどのように形成されていくのかと言いますと、この点をずっと縦断的に研究した知見によれば、利き手というのは、生まれた時から右手の方を多く使い続けて、その結果右手利きになるのかというと、決してそうではありません。これは子どもを育てた母親であれば容易に気付くことなのですが、実はわれわれの利き手というのは、ある時期には右手を頻繁に使ったのに、別の時期には、この子はひょっとしたら将来左手利きになるのではないか、プロ野球の選手に育てたらよいのではないか、などとそんな期待を抱かせるほど左手を頻繁に使うといったことがあるわけです。こういう相反する傾向を繰り返しながら、つまり右に揺れ左に揺れながら段々と一つの方向に収斂していく。これが発達の姿であります[19]。

このようなジグザグに進む発達というのは特に運動面の発達において顕著に認められるわけですが、精神面の発達においてもやはり認められます。たとえば、私自身の経験を考えましても、今日は割と流暢に言葉が出て来ますが、日によってはなかなかうまく言葉が出ないことがあります。これは母親が私を育てた体験から私に話してくれたことなのですが、この子は大きくなって吃音になるんじゃないかと心配するぐらいうまく言葉が出ない、詰まってしまう、そういう時期が幼児期にもあったのだそうです。私も長男を育てる時に同じようなことを体験しました。一説によれば、そういう時に親が過干渉つまり干渉し過ぎると吃音になることがあるのだそうですが、いずれにせよ、言語発達の面でもそういうジグザグ性が存在しているわけです。

これらのことを考えますと、要するに人間というのはエネルギーを一方向にだけ放出して、つまりロケットが天に向かって一直線に突き進んでいくようなやり方で発達を遂げていくのではなくて、こちらにぶつかりあちらにぶつかりながら、そういうジグザグ性のなかで次第に発達を遂げていくのではないか、そんなふうに思えてきます。

話は少し後戻りしますが、冒頭でイギリスの雨の話をしたのは実は伏線のつもりでした。つまり、いま反抗的な子どもがいたとして、その子は一生涯反抗的なのだろうかということであります。無論、その子に対していろいろな干渉がありますから、一生涯反抗的に振る舞えることは少ないでしょうが、とにかく一生涯反抗的であり続ける子が本当にいるのかということを考えてみたいのです。

たとえば、養護学校で非常に多動な子がいたとします。先生方はやっぱり手を焼きます。絶えず追いかけ回さなければならない。怪我でもされたら大変です。そういう限られた空間の中ですと、多動な子どもは確かにいろいろな問題を引き起こします。しかし、一つの仮説として、これは確かめるわけにはまいりませんが、無限に広い空間の中でもその子は多動であり続けるだろうか。これは本当に実証のしようがありませんが、そういうことを考えた時に、ジグザグの理論からすれば、たぶん多動の時期を思い切り過ごしたら、次はおとなしくなる時期があるのではないか。ただし、問題なのは、多動な時期にみんなが干渉して多動にさせませんから、結果としてその子の多動はいつまでも続くのではないか。そんな仮説も立てられないことはないと思います。病気でもそうですが、その病気をなまじいじったが故にかえって予後が悪くなるということは幾らでもあります。逆に、その病気をあまりいじらなければそれなりに身体が釣合を保って、つまり、その病気を自分のなかにうまく取り込んでしまって、外見的にも本人の自覚症状としてもほとんど問題なく生きていけるということもありうるわけです。

そのまま優しく見守ってあげていたらどうということもなく経過していくことが、なまじそこで「わあ、たいへんだ」と寄ってたかって手を加えたために、かえって駄目にしてしまうということは幾らでもあるのではないかと思います。この点はとりわけ思春期にある子どもたちへの対応において言えるのではないかと思います。私の子どもでも、「うるさいな、ほっといてくれ」と言います。実際、子どもたちからしたらうるさいだろうなと思います。私自身の体験からもそう思います。そこで、これをどうして放っておけないのかということになるわけです。先ほどもお話致しましたように、われわれはある限られた空間の中で生きています。その限られた空間の中である行動を起こすということは、当然その限られた空間に何らかのインパクトを与えることになります。そのインパクトをわれわれが受容しかねると、われわれはそのインパクトをもって問題行動だとするわけです。ですから、先ほどの多動児の例ではありませんが、もしどう動き回ってもよいような無限に広い空間があったとしたら、果たしてそういう行動は問題になるのかどうか、また、そういう行動はいったい持続するのかどうか。この辺に、反抗が持続することの一つの意味が隠されているような気がいたします。

四　群れ落ちの心理からみた反抗の意味

反抗を考えていく上で幾つかの見方が成り立つと思いますが、ここまではいわゆる縦の軸、つまり発達という軸で考えた時に、ジグザグに進行していく発達の特徴として反抗というものは現れているのではないかということをお話したわけです。もう一つの可能性として、われわれ人間が群れをなす動物であるということがかなり反抗に深く関与しているのではないかと思います。

人間は群れをなす動物であるというふうに社会心理学などでは定義されてきたわけですが、群れをなす動物は人間だけではありません。いろいろな動物が群れをなしています。ただし、群れのなし方が人間と他の動物では随分と異なっているわけです。群れと一緒の行動をとるかとらないかということは、他の動物の場合には直接生存に関わる問題ですが、人間の場合には事情が少し異なっております。つまり、人間だけが特異な群れと個の関係を有しているわけです。

他の動物が群れをなすのは生き延びていくため、生命を維持するためであり、群れと同調行動をとっていかなければ生存の危機に直面します。たとえば、テレビで野性動物の映像がよく放映されますが、アフリカのサバンナ辺りでシマウマの群れがいたとします。ああいう群れをなす動物の多くはある意味では弱い動物です。それで、自分たちの生命、種なり個体なりの生命を守るためには群れで動く必要があります。逆に言えば、群れから外れるということは、それらの動物においては死を意味することになります。ですから、ライオンは餌となるシマウマを狙う時には、群れを混乱させて群れから外れたシマウマを追いかけていって捕食するわけです。要するに、群れをなしている動物たちの場合は、群れをなすことによってのみ個体としても種としても生存し続けることが可能となるわけです。群れと個の優位関係は、これらの動物では完全に「群れ」＞「個」となっています。

ところで人間の場合はどうでしょうか。かつて人間がこれほど高度の文明を持つ以前の段階を考えてみますと、つまり原始社会を考えてみますと、群れから外れるということは他の動物の場合と同様に死を意味しただろうと思います。ところが、だんだんと豊かな文明をもつにつれて、群れと個の関係も随分と様変わりしてきたわけです。つまり、群れから外れるということはかつては死を意味したのに、次第に死を意味しなくなってきました。そのために人間の場合には群れと個の優位関係が、かつては他の動物たちと同様に「群れ」＞「個」だったものが、群れなくても生存できるようになるにつれて次第に「群れ」＜「個」へと変化してきたわけです。そして、この変化が反抗と深く関わりがあるように思います。

たとえば、こんなことを考えてみたいと思います。われわれ人間の社会には芸能界というものがあります。他の動物を考えた場合、たとえば人間に最も近い類人猿を考えてみた場合に芸能猿というのが一体いるのかどうか。多分いないと思います。ちょこちょこしたのはいるでしょうが、人間社会における芸能人みたいな存在はないのではないかと思います。ところが、人間の社会には芸能人とよばれる一群の人たちが存在していて、芸能界という一つの特殊な職域を形成しています。そこでは並の人間よりもずっと沢山の報酬をもらうことさえできます。この芸能人というのは一体どういう人たちなのかを考えてみますと、ある意味では群れとは違う行動をとっている人たちであります。つまり、群れから外れた行動をしている人たちです。そして、人々は多かれ少なかれ芸能人のそうした群れから外れた行動に憧れている節があります。つまり、われわれ人間は群れから外れることを今日においては願望している面があるわけです。でも一方では、依然として群れと一緒でありたいと願う面も存在しています。たとえば、私が附属養護学校の校長になってから御不幸が三回程ありました。私はこれまでに管理職の経験がありませんから、管理職として一体どれくらい御香典を包んだらよいのか分かりません。そこで経験者においくらぐらい包んだらよいのでしょうかと聞くことになります。つまり、群れから外れたくない、群れと一緒でありたいとの願いがあるわけです。こういう意識がわれわれのなかには絶えず働いていることは事実であります。けれども、では常に群れと一緒でありたいのかというとそうでもなく、時に群れから外れたいと願っているところがあるわけです。

今、群れと一緒であることを正常、群れから外れていることを異常というふうな概念で表現するとしますと、人間には群れと一緒でありたい、正常でありたいという意識と同時に、群れから外れたい、異常になりたいという意識も存在しているわけです。そういうメカニズムを思春期の反抗現象にあてはめてみますと、この時期には、群れから外れてみたい、異常になりたいという欲求が非常に大きくなっており、そのために反抗的に振る舞うのではないかと思います。では何故群れから外れたがるのかと言いますと、それは群れとは無関係になりたいということではなく、むしろ群れから外れることによって群れの注意を自分に引きつけたいという気持ちが強いのではないかと思います。こうした心理を「群れ落ちの心理」と私は名付けております。

たとえば、私が奈良に住んでおります頃に、毎週土曜日の夕方になりますとオートバイでわざと爆音を轟かせて近鉄奈良駅前の大通りを行ったり来たりする若者たちがおりました。こういう暴走する若者たちの行動は、単に暴走の快感に酔っているという単純なものではなく、暴走という群れから外れた行動をとることによって群れの注意を引きつけたがっていると解釈した方が適切であるように思います。何故ならば、彼らはわざわざ人通りが多くなる土曜日の夕方を選んで暴走を繰り返しており、決して人気のない山道では暴走しないからです。

つまり、ここに人間の群れ落ちの心理が実は働いているわけです。われわれは正直言って絶えずまなざしが欲しいのです。たとえば、私がこうして話していて、皆さんが全然こちらを見てくれなかったら私は非常に寂しく思います。まあ、お義理であれ何であれ、動員されたにせよ、こうして見てくだされば私もやる気が出てきます。よし頑張るぞという気になってきます。もしこちらを見てくれなかったら、私は皆さんの注意を引くために何か途方もないことをやりだすかもしれません。

　われわれ人間は絶えず誰かが自分を見てくれているという意識が働いているのだと思います。反抗的に振る舞う場合には、そのまなざしがどこかで絶たれているか、本人がそのまなざしに気付いていないか、そういう状況で起こっているのではないかと思うのです。

　この点に関して、私が同僚の校長から聞いたある事例を紹介してみます。ある学校で一人の先生が重要な場面になると突然に休暇をとってしまうという問題が起こりました。いわゆる先生の登校拒否です。他の先生たちは当然困惑しました。当てにしている日に出てこないわけです。そんなことが度重なるので、次第にその先生を当てにしない行事予定を組むようになりました。その結果、その先生が出て来ても誰もが無視してしまいます。学校内の雰囲気も、もうあの先生はどうにもならない、次の人事の時には何とか出してもらおう、そんな状況になってしまいました。そこで、何とか事態を打開するために赴任して間もない校長がその先生に話を聞くことになりました。会うと最初はすごい剣幕です。すべての人は自分の敵であるといった剣幕です。でも、事の経緯を熟知していないその校長はその先生の非を責めることはせずに、その先生の言い分の一部始終に耳を傾けました。そんなことを何回か繰り返しました。そうしたら、ある時、その先生はものすごく感激して、「これほど時間をかけて私の話を聞いてくれた人はこれまで一人もいませんでした。私に会えば誰もが皆詮索的であり説教的であり敵対的でした。自分としては校長先生にこれだけ長い時間何度も話を聞いてもらえてすべてすっきりしました」と言ったのです。そして、それ以後はとても積極的に勤務するようになったということです。

この事例はとても重要な示唆を含んでいるように思います。誰もがそれぞれの事情があって今日に至ってしまっているわけです。その事情はどうであるかを説明することはできても、それは既に過去のことですから今となっては変更は不可能です。にもかかわらず、われわれは過去の事情にこだわり、それを責め続けるといったことをするわけです。私は思うのです。どんな事情があったかを詮索するのではなく、どんな事情であれすべてを受容してこれからどうするかに目を向けてみたらどうか。いろいろな要因が絡んで拗れてこうなってしまっているわけで、それを今さら解きほぐそうとすることはどだい無理なことです。それは既に皆が試みてきたわけです。それでも、その先生の問題行動は少しも改善されなかったわけです。それよりも、これまではこれまでとして、その先生に新たな期待のまなざしを向けてみる。そうすれば、その先生の行動は変化するかもしれない。そして、実際に良い方向に変化したわけです。人間は期待のまなざしに応えようとする本性を備えているように思うのです。そうした期待のまなざしが感じられないから、そうしたまなざしを求めて反抗的に振る舞ったのではないかと思います。つまり、「群れ落ち」をしたのだと思います。

すべてがこの事例のようにうまくいくかどうかは別にして、とにかくわれわれがある問題行動を起こしているとしたら、その一つの要因はやはりどこかでまなざしが欠けているということがあるのではないでしょうか。多くの場合、この人は一体どういう人だろうという、そうした好奇のまなざし、あるいは批判的なまなざしは向けるのですが、その人のこれまでのすべてを受容してその人のこれからに期待するまなざしはなかなか向けられないものです。そうした期待のまなざしを感じた時に、人は本当に責任ある人生を生き始めることができるのではないかと思います。私は最近そうしたまなざしの力というものが本当に大切だなあと痛感しております。この点は後ほど教育の諸形態について話する際に再度言及したいと思います。

五　教育の新しい展開　未来というクリーン・エネルギーの活用

ここで教育の問題について考えてみたいと思います。われわれは教育という言葉を安易に使っておりますが、実はこの言葉はもっと慎重に大切に使う必要があるのではないかと思います。それは何故かと言いますと、教育という概念は、発達という概念と同様に、われわれ人間にだけ適用できる概念だからです。われわれは、たとえば、どんなに可愛がっている猫であれ犬であれ、その猫なり犬なりを教育するとは言いません。われわれは動物に対しては調教すると言い、決して教育という概念は使いません。同様に、動物が大きくなっていくことに対しては成長すると言い、決して発達という概念は使いません。つまり、教育という用語も発達という用語も、基本的には人間にだけ、相手が人間である場合にのみ使用されるわけです。このことは、これらの用語には人間の存在に関する何か本質的なものが託されていることを示唆しています。では、教育も発達も共通に有しているその本質的なものとは一体何なのかを考えてみますと、そこに思い当たるのは未来であります。

教育という概念も発達という概念も、いずれも未来との関わりにおいて初めて有効な概念であると私は思います。ところが、われわれは教育や発達という概念を未来よりもむしろ過去のことを念頭に置いて使っています。教育を考える場合にも発達を考える場合にも、この子の過去はどうであったかという形で、すべて過去との関係だけで考えていこうとしてしまいます。しかし、今述べましたように、この二つの概念はまさに人間にだけ当てはまる重要な概念であり、その重要性がどこにあるのかと言いますと、実は未来にあるわけです。すなわち、われわれ人間だけが未来を選択しそれに向かっていける自己決定の自由を有しているのです。この理由から、一九七六年に未来分析を提起致しました。そして、この未来分析を基本に発達人間学を提唱致しました。それは、未来という視点から発達観、教育観、人間観を構築していこうとするものであります。

われわれはどうしても発達を考え、教育を論じ、人間を理解する際に、過去の出来事を強調し過ぎます。過去がどうであったかを問題にし過ぎます。私の研究室に所属する学生たちは、自分から過去について語る場合を除いて、過去を問われることは決してありません。私は過去に一向に興味がないのです。極端な話が、非常勤講師で来ていただいている人たちの過去すらもほとんど知りません。相手が過去を話題にするから「ああそうですか」と相槌を打つぐらいです。

われわれは人を理解することはその人の過去を知ることだと信じて疑っていないところがありま す。私からすれば、今となってはどうしようもない過去を知ったところで何になるのか、そんな過去をいじくり回したところで何が生まれてくるのか、という思いがあります。ここまで来てしまったという事実があり、実績があるわけですが、しかし、それらの事実や実績はそのまま未来につながるわけではありません。したがって、過去をいくら詮索しても、そこからは何も生まれてはこないと思うのです。むしろ、多くの人は過去をいじられたくないと思っていますし、過去から脱却したいと思っています。過去を大事にしてそのまま未来に突き進んでいける人がいるとしたら、それはある種の限られたエリートたちだけではないかと思います。しかし、彼らでさえも、自分の人生を失敗だったと感じている場合が多いと思います。あの時にああしておけばよかった、こうしておけばよかった、と誰もが多かれ少なかれ思っているのです。実際、私がたくさんのお年寄りの方々に個別に面接して、もう一度人生をやり直してみたいと思いますかと尋ねましたところ、どの人の口からも、もう一度やり直したいという答えが返ってきました。つまり、誰もがこれまでの人生のどこかに悔いがあるのです。無論、どこからやり直したいかは人によってさまざまですが、いずれにせよ、誰もが過去に悔いがあることは確かです。

つまり、誰もが、機会さえあれば、どこかで人生の軌道修正をして、今までとは違う人生を新たに歩み始めたいと願っているようです。そうだとしたら、その願いにかなった対応を考えていく必要があるわけです。未来分析の狙いは、われわれ人間だけが有している意志未来を活用して、これまでの人生の軌道修正を図るという点にあります。

ここで、意志未来とは何かについて若干の説明をしておきたいと思います。我が家にはかつてとても賢い犬がおりました。名はチビというのですが、その賢いチビにこんなことを命じたことがあります。「これから家中で旅行に出掛ける。ここに一週間分の餌があるから、おまえはそのことを考えてこの餌を食べなさい」。しかし、いかに賢くても、目の前に出された餌を一週間分に分けて食べることはしませんでした。食べたいだけ食べて、後は終わりです。明日はどうしようなどということは決して考えていないようでした。明日はどうしよう、明後日はどうしようなどと先々のことを考えながら生きていくことができるのは人間だけです。将来起こるかもしれない地震に備えて様々な行動を起こすのも人間だけです。東京都の職員だった時に、地震に備えて非常用のリュックサックが全職員に配られたことがあります。未だにそのリュックサックは開けてはいませんが、それを見るたびに、人間だけが未来に備える行動をとることができることを実感致します。

このように、未来を考えて不安がるのも人間だけです。また、未来を考えて希望を抱けるのも人間だけです。この、未来を見つめることができる人間の特性を生かした発達理論を構築できないものか。これが発達研究に託した私の夢でした。もし未来というエネルギーの有効活用が図られれば、それは太陽エネルギーに匹敵するものであり、誰もがその恩恵に浴することができるはずです。さらにまた、過去は多かれ少なかれ汚れたダーティー・エネルギーですが、未来はまさしくクリーン・エネルギーであります。未来というエネルギーを取り入れて自分自身の発達や子どもたちの発達を考えられないものか。その着想から未来分析が生まれ、また、発達人間学が誕生したわけであります。

意志未来に限りなくこだわり、未来をどうやって活用したら現在の生活が潤い現在をより良く生きることができるのか、この点に焦点を当てて今日まで研究を進めてきました。実際、私が今こうしてここに存在し得ているのも、未来というエネルギーを活用してきたからであります。

つい先日、全国の養護学校の校長会に参加しました。誰も知った人はいないだろうと思っていたところが、「守屋じゃないか」と突然声をかけられて大変驚きました。高校時代の同級生がそこにいたのです。でも、彼の方がもっと驚いたわけです。実は私は高校の時には下から数えた方が早いような成績でした。そのような成績の者からは後に世に出る人などはいないだろうと考えられておりましたから、彼は驚いたわけです。

私は当然浪人をしました。その時から、私は過去にこだわるのをやめたのです。私は高校時代に生徒会長をしていましたので、成績の悪さはそのせいだと考えてきました。そのために、浪人生活をしながら、生徒会長などしなければよかったと随分悔やんだこともありました。でも、いくら悔やんでも過去は取り返せない、取り消せない。それどころか、過去にこだわっている限り未来は描けない。そう感じた私は、やがて、これからは未来をエネルギーとして生きよう、未来との対話のなかで生きよう、そう決心したのです。私は大学に入学すると間もなく、自分の未来の目標を「学者になること」に置いて日々を生き始めました。学者になるための条件は何かを尋ねるために、当時まだ面識がほとんどなかった主任教授の家を訪ねたほどでした。あまりに唐突な訪問と質問に教授は大変に驚き困惑しておりました。

とにかく、大学に入って、過去に寄りすがるものが何もないということが幸いして、未来の目標との間でだけ交信をかわす日々を過ごしたわけですが、そのお陰で、過去を恥じることも次第になくなり心豊かな大学生活を過ごすことができました。私がこの時に学者になろうと思わずにアメリカの大統領を目指していたとしたら、私はそのための準備にやはり着手していたと思います。学者になるという目標を立て、それに向かって歩み続けたことによって、私はその目標を達成できたのだと思います。無論、今が最終ではありませんから、これからもさらにその目標に向かって生きていきたいと思っております。

要するに、未来は、未来の目標は限りないエネルギーをもっているわけです。この未来のエネルギーを活用した日々の生き方を考えていったらよいのではないかと思うのです。この未来というエネルギーを活用した日々の生き方を子どもたちに何らかの形で理解させたらよいと思うのです。子どもたちが荒れる理由の一つは過去のしがらみのなかに生き続けるからだと思います。未来の展望がもてないからだと思います。そのために自分自身を萎縮させてしまうのです。そして荒れるのだと思います。

私の体験から考えますと、過去の重荷から解放される時があるとすれば、それは未来との交信が出来た時です。未来というクリーン・エネルギーは、われわれが精神の新陳代謝を健全に営んでいく上で欠かすことのできないものだと思います。凧が大空に舞うと糸がピンと張り詰められますが、同様に、われわれの心の糸も未来という大空に描かれた目標という凧に対して初めてピンと張り詰められるのではないかと思うのです。アメリカン・ドリームという言葉がありますが、これはアメリカにおいて過去ではなく未来というエネルギーの活用を図って成功した人たちの成功物語を象徴している言葉にほかなりません。彼らこそは過去に左右されることなく未来を糧に生きた人々であります。

私がイギリスのオックスフォード大学に留学した最大の理由は、私のこの未来分析と発達人間学の理論がイギリスを始めとする欧州の古い国々で、つまり過去の伝統を重んじる国々でどこまで通用するのか、それを確かめたかったからです。幸いなことにイギリスとスイスの大学で講義をする機会に恵まれ、この点を十分に確認することができました。伝統を大事にするヨーロッパの国々でも私の理論は大いに歓迎されました。

正直なところ、こうして今日まで生きてきてしまったわれわれにとっては、自由になるのは未来しかないわけです。これからオギャーと生まれてくるのであれば別ですが、われわれは残念ながらもうある年齢まで来てしまったわけです。ある年齢まで至ってしまうと、新たな人生を展開しようとはせずに、どうしても過去の惰性に身を任せてしまいがちです。今となってはもう遅いと諦めてしまうわけです。それまでの過去がこれからのすべてを決定してしまうというある種の運命論に陥ってしまうわけです。こうした人為的な運命論をこれまでの発達理論はわれわれに押しつけてきたのです。実際、これまでの発達心理学は、何歳までに何をしておかなければ以後の人生は駄目になるという発達課題に関する記述で満たされております。その結果、初期経験や早期教育が重視され、履歴社会が形成され、学歴信仰が生まれてきたわけです。過去はどうであれ、いつからでも人生を新たに生き始めることが可能となるような、そういう発達理論をなんとか構築したい。これが一九七六年に未来分析を提起し発達人間学という新しい学問領域を提唱した所以であります。その理論に接した時になるほど思い、新たな生きる意欲をもってその後の人生に果敢に挑戦していけるような、そのような発達理論の構築を目指す発達人間学は、これまではほとんど無視されてきましたが、これからは重要な研究分野になっていくものと確信しております。何故ならば、長い人生を生きていく上で誰もがそのような理論を必要としているからです。

その一つの証左は、皆さんに一々感想を求めるわけにはいきませんが、おそらく皆さんはこうして私の話を聞いていて、少なからず何かやる気が出て来たのではないかと思います。どうでしょうか。大学では、私の授業はやる気の出る授業、元気の出る授業と言われています。学生たちは、私の発達理論を聞いているうちに、過去による萎縮から解放され、とにかく元気が出て来るようです。それは試験の答案のなかからも十分に読み取ることができます。ただ残念ながら、多くの学生は折角生まれてきたやる気を育て上げられないようです。私の授業に出ている間だけ、何かすごく「うん、やれる」という感じになって、何か底知れない自分の未知の力が頭をもたげてきたという、そういう感じを抱くようです。まあ、そんなわけで、大学では守屋教などと言われてしまっています。

六　教育の諸形態　「愛の鞭」から「愛のまなざし」へ

私は障害児教育の世界に多くを知らずに飛び込んできました。そして、未だにほとんど何も分かってはいませんが、分からないなりにも感じていることを最後にお話させていただきたいと思います。

われわれはどうも学習と発達を混同しているように思います。そのために教育の問題を考える場合にもあまりにも学習的な観点から見過ぎる結果となってしまっているようです。学習と発達というのは類語のようではありますが、かなり異なった概念です。学習という用語は短い時間経過のなかでの変化を問題とする場合に用いられますが、発達という用語はものすごく長い時間経過のなかでの変化を論じる場合に用いられます。学校教育はその年数が限られておりますから、どうしても短期間の変化に着目してしまい、そのために学習的な観点が優位になることは避け難いところがあります。けれども、その結果としてわれわれは長期的に物事を考えることが本当に難しくなってきています。あたかも薬を投与して、その薬効がすぐに現れるのを期待するのと同じように、教育も即効的に考えられているようなところがあるのではないかと思います。

現在の教育について考えてみますと、一方に「愛の鞭」による教育があり、他方に「愛のまなざし」による教育があり、その中間にさまざまな教育形態を考えてみることができます。たとえば、次のようないろいろな文字に託してそれらの教育形態を表現してみることができます。

	育	育	育	育	育	
「愛の鞭」	…………	…………	…………	…………	…………	「愛のまなざし」
	脅	強	狂	競	共	

このように、実にさまざまな「キョウイク」が成り立つわけで、これらの表現を見て皆さんのなかにもドキッとされた方もいらっしゃるのではないかと思います。私が知っている先生たちのなかにもこれらの「キョウイク」にもっぱら専念している方がおります。北風と太陽の話がありますが、力に物を言わせて子どもを変化させようとする「愛の鞭」による教育は北風に、また、子どもが主体的に変化するまで待とうとする「愛のまなざし」による教育は太陽にたとえてみることができます。どの「キョウイク」が良いのかということは私自身にもよく分かりません。状況によっては「愛の鞭」による教育が必要な場面もあるのかもしれませんし、また、状況によっては太陽ではいられない時もあるのかもしれません。ただ望むらくは、できる限り「愛のまなざし」に近い教育であって欲しいと思います。

私が見聞している限りでは、現状はどちらかと言えば「愛の鞭」の方に近い教育が優勢であるようです。おそらく、学習的な観点からあまりに教育を見過ぎているためではないかと思います。もし発達という長期の時間の流れを考慮に入れた教育の在り方を考えていったならば、もっと「愛のまなざし」の方に近い教育が優勢になっていくのではないかと思います。

確かにわれわれは非常に辛い立場にあります。ある限られた時間の範囲内である変化を促さないといけないとわれわれは思っていますし、他からそう期待されていると信じ込んでいるところがあります。そうすると、限られた時間内にある一定の行動変容を促すためには何かそこに意図的にそれを起こさせる力の介入を、ということになるわけです。そういう短期決戦みたいな感じでいきますと、限りなく教育は「愛の鞭」の方に近づいていくのではないかと思います。そして、その結果、戸塚ヨットスクール事件や、校門圧死事件、風の子学園コンテナ事件など、信じ難い事件が起こったのではないかと思います。これらの事件は氷山の一角に過ぎないのかもしれません。実際、現在の教育の現場はたくさんの問題を抱えております。そうした諸問題の根源とまでは言わないまでも、われわれが少なからず踊らされ過ぎているのは、学習という観点ではないかと思います。

もう少し発達的な観点から子どもを眺めることができたなら、教育の在り方も「愛のまなざし」による教育に向けて大きく変化していくに相違ありません。そうした教育を展開していくために未来というクリーン・エネルギーを活用できないだろうか。そんなことを今考えているところです。

予定の時間が来たようです。以上で私の話を終わらせていただきます。ご静聴有難うございました。

（付記）本稿は、講演内容に加筆したものである。

註

（1）ただ一つだけ大きな悔いが残る。私がオックスフォード大学（Department of Experimental Psychology, University of Oxford）に一九九一年十月から一九九二年六月までの九か月間、サバティカル・ヴィジター（Sabbatical Visitor）として留学した折に、大学ではピーター・ブライアント（Peter E. Bryant）教授やアン・ドウカー（Ann Dowker）博士らに、また、寄宿先ではキャサリン・ロス（Katharine E. M. Ross）女史に大変お世話になった。彼らとは、「次は『英語版 未来分析』を刊行できたらオックスフォードを再訪する。」と固く約束してイギリスを離れたのであるが、その時の到来を心待ちにしてくれていたキャサリンは二〇一六年十一月七日に九十五歳で天国に召されていった。彼女は、私がイギリスの文化と人々を理解できるようにと、週末になるといろいろな場所を案内して下さり、さまざまな人たちとのディナーの機会を設けて下さるなど、日々の生活で常に最大限の配慮をして下さった。片時も忘れることのできない大恩人である。私はイギリスからの帰路にフランスを経由してスイスとドイツのいくつかの大学に立ち寄り、最後はベルギーのルーヴァン大学（Department of Psychology, Catholic University of Leuven）に一九九二年七月の約一か月間滞在してウイリー・レンズ（Willy Lens）教授のお世話になったのであるが、いずれの大学でも「未来分析」と「発達人間学」の紹介は予想をはるかに超えて大変反響が大きかった。そのこともあって、風間書房の風間敬子氏にはかねてより英語版での刊行を打診してきたのであるが、肝心の私の英訳の作業がまだ完全な原稿の段階にまでは至っていなかったこともあり、今回もまた見送らざるを得ない結果となってしまった。本当に申し訳なく、また、残念でならない。

（2）私は折に触れて思いついた言葉をその時々に手帳に書き留め、年末になると「守屋語録」なるノートにまとめている。この言葉は、附属養護学校（現在は附属特別支援学校）の保護者との会合の席で口にした言葉であり、校長室の壁面に私が在任中には掲げていたものである。この言葉も含めて、いくつかの言葉を次に紹介しておきたい。

「守屋語録」三十選

・起伏のある人生は、平坦な人生の何倍も生きることができる。
・漂う人生ではなく、目指す人生であれ。
・過去の詮索よりも、未来の展望を図れ。
・人生の軌道修正を図りたければ、単純未来から意志未来に切り替えてみよ。
・不満は意見に、ニーズは価値にまで高めよ。
・人はどのようにでも生きることができる。だから、どう生きるのかが問われているのである。
・ニーズをいかにして価値にまで高めていくか。そこに教育の使命がある。
・考えることによって人の心は広がっていき、思いやることによって人の心は深まっていく。
・失敗しなければ分からない人生がある。成功すれば見失う人生もある。
・人は多くの支援があって生きている。だから光り輝いて見えるのである。
・人は自分を愛する者のまなざしの中で十分な発達を遂げていくことができる。
・人が本当に大切だと言えるものは、それだけ時間をかけてきたもののことである。
・時間の経過の中で本物は育っていき、時間の経過の中で本物は残っていく。
・客観的な事柄は人を納得させることができるが、主観的な事柄は人を感動させることができる。

・理論も実践も互いを必要とする所まで深められ高められていかなければならない。
・寄り添えば広がる世界。それが教育であり、福祉であり、人生である。
・部屋の温もりは体を暖めてくれる。人の温もりは心を暖めてくれる。
・子どもの問題は、それが重大なことなのか、それとも重要なことなのかをよく考えなければならない。
・親が育たない家庭、教師が育たない学校、大人が育たない社会は問題がある。
・人間は本能によらずに自我によって生きていく道を選んだ。人間の自我発達の過程にはそれだけの深い意味が潜んでいる。
・本能は閉ざされた世界を生きていくのには有効であるが、自我は開かれた世界を生きていくために必要である。
・とまどいや悩みは本能から自由であることの証しであり、ときめきや努力は自我によって生きている証しである。
・教育や福祉などの人間に関わる問題では、客観的であるかどうか以上に、人間的であるかどうかが重要である。
・常に問うべきは、自らが自らの師たり得るかどうかということである。
・貧しさと豊かさには、「豊かな貧しさ」もあれば、「貧しい豊かさ」もある。
・豊かさには、欲しいと思ったらいつでもすぐに手に入れることができる「物の豊かさ」と、欲しいと思っても時期が到来するまで待つことができる「心の豊かさ」がある。
・効率のよい学習はあり得ても、効率のよい発達はあり得ない。学習的観点から見れば人生には無駄があり失敗があるが、発達的観点から見れば人生には無駄もなく失敗もない。長い目で見れば、人生には無駄なことは一つもなく、すべてが意味のある体験となるのである。

・時間をかけることを惜しむ子育てをし、教育をし、生活をしていると、やがて世の中は人のまがい物だらけになってしまいかねない。見かけは人間であるが、その中に人の心が育っていないのである。
・人手と時間がかかることを嫌う時代と社会の中で、いつの間にか身の回りには「本物」が見当たらなくなり、「まがい物」だらけになってしまった。
・生涯発達という概念には、人間だけが重なり合う世代の関係の中で長い時間をかけながら相互に育ち合っていく、という意味が込められている。そのために時間がかかる人生だからこそ価値があるのである。

(3)オウム真理教による一九九五年三月二十日の地下鉄サリン事件など一連の事件についても同様の見方が可能である。
(4)平成になってから大規模な地震が続いた。一九九五年一月十七日には阪神淡路大震災が起こり、二〇一一年三月十一日には東日本大震災が起こった。二〇一六年四月十四日には熊本地震が起きている。また、近年はこれまで経験したことのない集中豪雨や超大型の台風が毎年のように日本列島を襲来し大災害をもたらしている。
(5)これらの発達理論については、『生涯発達論』(守屋, 2005)で詳しく紹介している。
(6)ジャネー(Janet, P., 1929)は、人格とは自己を統一し自己を他から区別する内面的な活動であると定義し、それは物質的、社会的、時間的の三つの観点から語ることができるとして、それぞれの人格の側面を、身体的人格、社会的人格、時間的人格として説明している。
(7)シュナイダー(Schneider, K., 1936)は、自殺を精神病性自殺と非精神病性自殺とに分け、後者をさらに、逃避自殺、短絡自殺、演劇自殺の三つのタイプに分類している。
(8)自我の三つの側面が相互に重なり合う部分を考えれば、生物・社会的自我(bio-social self)、社会・時間的自我(socio-temporal self)、生物・時間的自我(bio-temporal self)といった自我の下位側面を考えてみることができる。
(9)ブルンスヴィック(Brunswik, E., 1939)は、心理学の諸理論を、過去、現在、未来のいずれを重視しているかを主要な基準にして検討している。それを根拠に、スタグナー（Stagner, R., 1988）は、時間的に遠い過去から遠い未来まで七つに区分して、心理学の諸理論がそのいずれに焦点を当てているのかを分類整理して図示している。図の内容を紹介してみるならば、次のとおりである。

①遠い過去　フロイト（Freud, S.）、ユング（Jung, C.G.）

②遠刺激（刺激物）　ワトソン（Watson, J.B.）、ケーラー（Köhler, W.）、ハル（Hull, C.L.）、スキナー（Skinner, B.F.）、レヴィン（Lewin, K.）

③近刺激（受容器面上の刺激）　ヴント（Wundt, W.）、ティチェナー（Titchener, E.B.）

④生活体内部の過程　認知心理学者たち

⑤近反応すなわち生物物理的反応　ティチェナー、ワトソン、パヴロフ（Pavlov, I.P.）

⑥遠反応すなわち生物社会的反応　ワトソン、ワイス（Weiss, A.P.）、スキナー、ハル、ケーラー、レヴィン

⑦遠い未来　アドラー（Adler, A.）、オルポート（Allport, G.W.）、メイ（May, R.）、フロム（Fromm, E.）

(10) アリストテレス（副島民雄訳, 1939）は、三種類の原因を指摘している。すなわち、目的因（「何かの為に」と言われるところのもの）、動力因（運動の始まりが起こるところのもの）、形相（素材と言論において把握されるもの）である。

(11) 自我は三つの土壌を必要としている。一つは身体であり、一つは社会であり、もう一つは時間である。自我発達はこの三次元上で進行していく。ちなみに、フロイト（Freud, S.）の発達理論は、自我が身体という土壌の中に根を張っていく生物化の過程を説明しており、エリクソン（Erikson, E.H.）の発達理論は、自我が社会という土壌の中に根を張っていく社会化の過程を説明しており、ビューラー（Bühler, Ch.）の発達理論は、自我が時間という土壌の中に根を張っていく個性化の過程を説明している。これらの発達理論については、『生涯発達論』（守屋, 2005）で詳しく紹介している。

(12)太宰治の『走れメロス』のクライマックスの場面には、期待のまなざしがいかに強い動機づけとなるかが、次のように鮮烈に描かれている。
『日没までには、まだ間がある。私を待っている人があるのだ。少しも疑わず、静かに期待してくれている人があるのだ。私は、信じられている。私の命なぞは、問題ではない。死んでお詫び、などと気のいい事は言っておられぬ。私は、信頼に報いなければならぬ。いまはただその一事だ。走れ！　メロス。』（角川文庫, 1970, pp.161–162）
(13)すべての生物がたどる変化として、系統発生と個体発生がある。われわれ人間の場合には、前者は種としての進化であり、後者は個としての発達である。人間の存在は能力と自我とから説明できるが、進化の過程においても発達の過程においても、自我が能力を先導している点に人間の独自性が認められる。
(14)未来との関係から、われわれ人間には次の二つのタイプの自由意志があると私は考えている。
・自己決定の自由：未来を選択しそれに志向していける自由。
・自己逃避の自由：明確な未来像をもたずに現実生活から逃避していける自由。
(15)因果律の点から発達を考えるならば、発達とは、過去↓現在の因果律（もしくは過去・現在↓現在の因果律）と現在↑未来の因果律との交代の過程であり、最初は優位である過去↓現在の因果律（もしくは過去・現在↓現在の因果律）が、現在↑未来の因果律との交代を繰り返しながら、やがては過去↑現在の因果律（もしくは過去・現在↑現在の因果律）へと移行していく過程であると言えよう。
(16)目的意識それ自体は幼児期から既に存在している。私がこのことを実感した次のような体験がある。この体験については第四章の「六　動機づけの問題」でも言及している。
日本女子大学児童研究所で研究を進めていた時のことであるが、二歳と三歳の幼児たちと砧の緑地公園に皆で出かけたことがあった。公園に到着して、その広い芝生の上を「さあ皆で走ろう」と掛け声をかけて先頭を切って走り出してみたところ、最初は誰もが歓声を上げて私の後を走ってついてきたが、程なく子どもたちは次々に走るのを止めてしまった。そこで、前方に生えている一本の木を指さして「あの木のところまで走ろう」と再び先頭を切って走り出してみたところ、今度はどの子もその木のところまで走り抜くことができた。走り終えた後の幼児たちの、頑張ったんだぞという満足そうで得意そうに輝いていた表情から、幼児にも目的の存在がとても重要なのだということを知らされた出来事であった。

このことに関連して、次のことを指摘しておきたい。

かつては、子どもたちは、まとまった小遣いを貰えるのは盆や正月などに限られていたので、欲しいものがあってもその時期まで待つか、月々の僅かな小遣いが貯まるのを待って目的の品を手に入れるのが普通であった。また、親たちも、いくらねだられようとも「お誕生日には買ってあげるから」とか「お正月まで我慢しなさい」とよく言い聞かせたものである。こうした日常生活のなかで、知らず知らずのうちに子どもたちも親たちも目的意識を育て上げていくことになったのではないかと推測される。我慢したり我慢させたりする上でも目的の存在が重要なようである。

こうした点から考えてみると、物質的な豊かさのなかで、欲しい物はすぐに手に入れて当然であるとする現代の子どもたちや大人たちの生き方には大きな問題が潜んでいるように思われてならない。

(17) 表3に示した発達心理学と発達人間学の相違点を説明しておきたい（守屋, 2004, pp.93–100）。

①人間の「現象」と「人間」の現象

人間現象は文字どおり「人間」の「現象」であるが、その捉え方には、人間の「現象」として「現象」の方にアクセントを置き、サルやネコやラットなどの他の存在者の現象と本質的には変わらない人間の「現象」を捉えようとする立場と、「人間」の現象として「人間」の方にアクセントを置き、サルでもネコでもラットでもない、まさしく「人間」の現象を捉えようとする立場とが考えられる。

前者の、人間の「現象」を捉えようとする立場は、要するに、人間現象を自然現象の一つとして、自然科学の範疇内で問題にしていこうとする立場であり、したがって、この立場からの人間現象へのアプローチは自然科学的アプローチとよぶことができる。これに対して、後者の、「人間」の現象を捉えようとする立場は、人間現象を自然現象とは別の次元の現象として、自然科学とは別の科学、言うなれば人間科学の範疇内で問題にしていこうとする立場であり、それ故、この立場からの人間現象へのアプローチは人間科学的アプローチとよぶことができよう。

②他者の現象と自己の現象

自然科学的アプローチでは、人間現象につきまとう神秘性や曖昧性や尊厳性などは、人間現象の本質とは無関係な単に見かけ上のものであって、研究を進めていく上で研究者の眼を狂わせる厄介な邪魔物に過ぎないと考える。それ故、それらに眩惑されないように、この立場の研究者は、人間現象から出来るだけ離れて、「客観的」と言われる態度をとれるだけの十分な距離を置いて、自分とは全く無縁の「他者の現象」として眺め、主観のはいり込む余地のない物的現象として「物化（ものか）」して扱おうとする。その結果、人間現象は刺激と反応の関数現象に還元されて「測定」されることになり、その際に研究者が主観を係わらせることがあるとすれば、それはこの立場においては失敗と敗北を意味している。要するに、研究の対象者は非人間化されて物化され、研究者は脱人間化して機械化するのである。

一方、人間科学的アプローチでは、人間現象につきまとう神秘性や曖昧性や尊厳性などを、まさしくそれらこそが人間現象の証であると考え、それらを損なわない人間現象の解明のためにこそ他ならぬ心理学が誕生したのではないかと考える。したがって、それらの特性を尊重し、人間現象を他の現象には還元し得ない現象として、むしろ「人間化」して扱おうとする。そのために、研究者は、紛れもなく人間現象の一つであり、しかも最も身近な人間現象である自分自身を重視して、「自己の現象」を見つめ、他者の現象もその距離を出来るだけ縮めて、自己の現象に重ね合わせて理解していこうとする。すなわち「了解」するのであり、その限りにおいては「主観的」である。

要するに、自然科学的アプローチは他者志向型であり他者分析型のアプローチであるのに対して、人間科学的アプローチは自己志向型であり自己分析型のアプローチであると言える。

③能力現象と自我現象

人間現象は、心理学的には、そこに主体者たる存在の関与を仮定しないか仮定するかによって、能力現象とみることもできれば自我現象とみることもできる。

自然科学的アプローチでは、当然のことながら、主体者たる存在の関与を仮定せず、人間現象を「能力現象」として問題にする。何故ならば、主体者たる存在の関与を仮定しなければ、人間現象につきまとう神秘性や曖昧性や尊厳性などを回避することができるし、能力現象としての人間現象であれば容易に物化することができ、刺激と反応の関数現象に還元して客観的に測定することができるからである。

一方、人間科学的アプローチでは、主体者たる存在の関与を仮定し、人間現象を「自我現象」として問題にする。すなわち、人間現象と称し得るすべての現象には意識や行動の主体者たる自我が常に介在していると仮定してみることが可能であり、更にこの点において他の存在者に関する現象と区別してみることが可能であるが故に、人間現象は自我現象であり、実際、自我の存在を仮定することなしに人間現象について論ずることは不可能である、と考える。

④最大公約数としての法則性と最小公倍数としての法則性

自然科学的アプローチでは、できるだけ多くの他者の能力現象を客観的に測定し、そのデータを重ね合わせて、その結果に現れてくる「共通の重なり」の部分をもって人間現象の法則性であると考える。

一方、人間科学的アプローチでは、データの共通の重なりに依拠するのではなく、すべての人間現象を包含し得る人間観の枠組みをもって人間現象の法則性であると考える。いわゆる「人間の独自性」とは、かかる枠組みのことである。

要するに、自然科学的アプローチで追究されるのは、多数の人間の能力現象の共通の重なりとしての、言わば含し得る人間観の枠組みとしての、言わば「最小公倍数としての法則性」である。

⑤最新のデータと人間観

自然科学的アプローチにおいては、その法則性がどれだけ厳密なものであるかは、どれだけ厳密な測定データが得られるかに完全に依存している。測定データの厳密性は、測定装置の改良や測定技術の改善によって徐々に向上していく。したがって、古いデータよりも新しいデータの方が一層信頼できることになる。かくして、自然科学的アプローチでは「最新のデータ」が一般に重視されることになる。測定には測定条件が大きく関与することから、最新のデータであることと同時に、どこで、どのような条件の下で得られたデータであるかが重視される。

一方、人間科学的アプローチで重視されるのは、時と場所という限定を越えて有効な、有史以来の「人間知」であり「人間観」である。

このように、自然科学的アプローチでは最新のデータを重視する「発見的研究姿勢」がとられるのに対して、人間科学的アプローチでは人間観を重視する「発明的研究姿勢」がとられる。

⑥対症療法的な問題解決と原因治療的な問題解決

最新のデータによる共通の重なりの部分を尊重する自然科学的アプローチでは、人間の問題の具体的な解決に際しては、現実からの問題解決が図られ、現在の大多数の人間の動向が最優先される。その典型的な方法は、ニーズ調査などの実態調査を実施して、その結果に基づいて、「大多数がそうであるからそうするべきだ」という、言わば「対症療法的な問題解決」のやり方である。

これに対して、人間科学的アプローチでは、すべての人間現象を包含しうる人間観の枠組みの点から、すなわち、人間の独自性に照らして、「人間の本来の姿はこうであるからこうするべきだ」という、言うなれば「原因治療的な問題解決」が図られる。

⑺客観的実証性と主観的実証性

自然科学的アプローチと人間科学的アプローチでは、既述の内容から明白なように、同様に人間現象を問題にしていながら、問わんとする実在（reality）が根本的に異なっている。すなわち、前者は、容易に物化して客観的に測定可能な能力現象という、言わば「客観的実在」を問題にしているのに対して、後者は、そのような操作が意味をなさず、了解という手段を通して初めて接近可能な自我現象という、言わば「主観的実在」を問題にしている。したがって、両者の知見の実証性を同一の次元上で問題にすることは、本来不可能なことであるし、無意味なことである。

従来、実証性の有無は、客観的に測定された他者の現象に関するデータによって裏付けられるか否かによって決められてきた。しかし、そのような実証性は、自然科学的アプローチの場合にのみ通用する、言わば「客観的実証性」である。人間科学的アプローチにおける実証性は、当然のことながら、これとは別の形で問われなければならない。それは、自分自身の人間現象と矛盾しないことであり、さらに人間の独自性と矛盾しないことである。したがって、かかる性格から「主観的実証性」とよぶことができる。

⑻自然科学的因果律と人間科学的因果律

因果律の点からみると、自然科学的アプローチは、過去→現在→未来という物理的な時間の流れに従って因果の連鎖を考えていく。かかる因果の連鎖を「自然科学的因果律」と呼ぶならば、自然科学的アプローチは「自然科学的因果律」をもって能力現象としての人間現象を測定し説明しようとするアプローチであると言える。

人間科学的アプローチでは、他の存在者の現象や自然現象には見られない人間に固有な自我現象を問題にするが故に、自然科学的因果律をもって説明することはできない。したがって、自然科学的因果律とは異なる独自の因果律を必要とすることになる。かかる因果律は、自然科学的因果律との対比から、「人間科学的因果律」と呼ぶのが適切であろう。現段階では、この因果律に相当するものとして、その人が描いているこれからの計画なり目標なりから、つまり、その人の未来から現在のその人の行動を理解し説明しようとする、現在←未来の因果律を挙げることができる。結局、人間科学的アプローチは「人間科学的因果律」をもって自我現象としての人間現象を了解し説明しようとするアプローチであると言える。

以上の比較の結果をまとめてみると、自然科学的アプローチは、自然科学的因果律により、能力現象としての人間現象を、他者の現象として、物化して客観的に測定し、そのデータの共通の重なりの部分（言わば最大公約数）をもって、人間現象の法則性であると考えるのに対して、人間科学的アプローチは、人間科学的因果律により、自我現象としての人間現象を、自己の現象を中心に、人間化して主観的に了解し、すべての人間現象を包含しうる人間観の枠組み（言わば最小公倍数）をもって、人間現象の法則性であると考える、などの性格を知ることができる。

このように、自然科学的アプローチと人間科学的アプローチがいかにその性格を異にするものであるか、そのことを改めて確認できたのではないかと思う。そして、人間現象の解明という課題は、能力現象としての人間現象の解明を目指す自然科学的アプローチと、自我現象としての人間現象の解明を目指す人間科学的アプローチの、その両輪が対等に揃った段階で初めて健全に取り組むことのできる課題であることも理解できたのではないかと思う。

言うまでもなく、発達心理学は自然科学的アプローチを基軸とした発達科学の研究領域であるのに対して、発達人間学は人間科学的アプローチを基軸とした発達科学の研究領域を目指している。

(18)発達人間学で重視される人間の独自性とは、すべての人間現象を包含しうる人間観の枠組みであると考えているが、かかる枠組みに相当する人間の特性を列挙してみるならば、以下のとおりである（守屋, 1985, 1989b）。

(1)意志未来がある。

(2)遊びが生涯みられる（常に本能から自由である）。

(3)発達が生涯みられる（常に未熟から完熟への途上にある）。

(4)長い老後がある（寿命が圧倒的に長い）。

(5)親子の絆が生涯続く。
(6)回想や追憶によって過去を意味付け直すことができる。
(7)知識を叡智に変えていくことができる。
これらの特性のうち、(2)と(4)はポルトマン（Portmann, A., 1951）、(6)はバトラー（Butler, R.N., 1964）の記述などを参考に考えてみたものである。

これらの人間の独自性は、人間には自我があるということに由来している。

(19)こうした発達のジグザグ性を発達的交代（developmental rotation）とよぶ。発達的交代とは、基本的には諸機能の発達リズム間の交代を意味している。仮にA、Bという二つの機能を想定してみるならば、ある時期においては、Aという機能の方は急速に発達しているのに、Bという機能の方は比較的ゆっくりと発達しているという両者の関係が、それより前ないしは後の時期には逆の関係になる現象である。発達的交代を根拠に発達のモデルを構成してみると、発達の過程は上昇渦巻き曲線で描くことができ、その断面は多くの側面が撚り合わさった一種のロープとして描いてみることができる（Moriya, 1971, 1973b; 守屋, 1976）。

文献

（1）本書は次の文献を基礎にして構成されている。

守屋国光　一九七六　発達人間学序説―人間性の心理学的理解のための統合的観点としての発達研究―　垣内出版
守屋国光　一九九四　老年期の自我発達心理学的研究　風間書房
守屋国光　一九九五　生涯発達心理学概論　生涯発達研究会
守屋国光　一九七六　生涯発達心理学における因果論　社会老年学　3, 35-45.
守屋国光　一九七七b　人間生涯における自我発達の問題　社会老年学　7, 42-51.
守屋国光　一九八〇　未来分析―時間的自我についての一考察―　大阪教育大学障害児教育研究紀要　2, 43-62.
守屋国光　一九八九b　未来分析の着想の契機―苦悩から努力へ―　大阪教育大学障害児教育研究紀要　11, 11-18.
守屋国光　一九九一　未来分析の着想の契機（Ⅱ）―発達心理学から発達人間学へ―　大阪教育大学障害児教育研究紀要　13, 77-86.
守屋国光　一九九四　自我発達と反抗期　発達人間学研究　5, 41-53.
守屋国光　一九九五　未来分析の着想の契機（Ⅲ）―能力発達から自我発達へ―　大阪教育大学障害児教育研究紀要　17, 69-76.
守屋国光　一九九八　未来分析―健全に苦悩するために―　ナカニシヤ出版

守屋国光　二〇〇三　障害児教育におけるCUREとCAREの問題（Ⅴ）大阪教育大学障害児教育研究紀要　**26**, 1-10.
守屋国光　二〇〇四　発達教育論―自我発達と教育的支援―　風間書房
守屋国光　二〇〇五　生涯発達論―人間発達の理論と概念―　風間書房
守屋国光　二〇〇七　障害児教育におけるCUREとCAREの問題（Ⅸ）大阪教育大学障害児教育研究紀要　**30**, 1-8.
守屋国光　二〇一〇　自我発達論―共生社会と創造的発達―　風間書房
Moriya, K. 1992 Developmental psychology versus developmental humanology: On the methodological issues for geropsychology from the viewpoint of self development. 発達人間学研究　**4**, 67-83.

（2）本書の引用文献は次の通りである。

Allport, G.W. 1943 The ego in contemporary psychology. *Psychological Review*, **50**, 451-478.
Aristoteles *Parva Naturalia*（副島民雄訳　一九三九　アリストテレス心理学Ⅱ―小論集―　河出書房）
Bower, T.G.R. 1977 *A primer of infant development*. San Francisco: W.H. Freeman & Co.
Brunswik, E. 1939 The conceptual focus of some psychological systems. *Journal of Unified Science*, **8**, 36-49.
Bühler, Ch. 1933 *Der menschliche Lebenslauf als psychologisches Problem*. Leipzig: S.Hirzel.
Bühler, Ch. 1935 The curve of life as studied in biographies. *Journal of Applied Psychology*, **19**, 405-409.
Bühler, Ch. 1968a The course of human life as a psychological problem. *Human Development*, **11**, 184-200.
Bühler, Ch. 1968b The general structure of the human life cycle. In Ch. Bühler and F. Massarik（Eds.）, *The course of human life: A study of goals in the humanistic perspective*. New York: Springer Pub., pp.12-26.
Butler, R.N. 1964 The life review: An interpretation of reminiscence in the aged. In R. Kastenbaum（Ed.）, *New thoughts on old age*. New York: Springer, pp.265-280.

Frankl, V.E. 1947 *Ein psycholog Erlebt das Konzentrationslager*. Wien: Verlag für Jugend und Volk.（霜山德爾訳　一九七一　夜と霧―ドイツ強制収容所の体験記録―（改版）みすず書房）

Frenkel, E. 1936 Studies in biographical psychology. *Character & Personality*, **5**, 1–34.

Hollingworth, H.L. 1927 *Mental growth and decline*. New York: D.Appleton & Co.

Israeli, N. 1932 The social psychology of time. *Journal of Abnormal and Social Psychology*, **27**, 209–213.

Janet, P. 1929 *L'evolution psychologique de la personnalite*.（関計夫訳　一九五五　人格の心理的発達　慶應通信）

Jung, C.G. 1969 The stages of life.（Trs. by R.F.C. Hull）In *The collected works of C.G. Jung*. Vol.8, 2nd ed., Princeton, N.J.: Princeton University Press, pp.387–403（Originally published in 1931）

Jung, C.G. 1971 Definitions.（A revision by R.F.C. Hull of the translation by H.G. Baynes）In *The collected works of C.G. Jung*. Vol.6, Princeton, N.J.: Princeton University Press, pp.408–486（Originally published in 1921）

Kübler-Ross, E. 1969 *On death and dying*. New York: Macmillan Publishing Co., Inc.

Kuhlen, R.G. 1959 Aging and life-adjustment. In J.E. Birren（Ed.）*Handbook of aging and the individual: Psychological and biological aspects*. Chicago: The University of Chicago Press, pp.852–897.

守屋国光　一九七四　女子短大生の老年像　目白学園女子短期大学研究紀要　**11**, 83–90.

守屋国光　一九七五　老年期の自己概念の発達に関する諸問題　老年心理学研究　**1**, 11–16.

守屋国光　一九七七ａ　発達的観点からみた老年心理学の使命　老年心理学研究　**3**, 1–13.

守屋国光　一九七八　発達的観点からみた老年心理学の歴史　発達人間学研究　**2**, 1–16.

守屋国光　一九七九　老年心理学の基本的性格　戸川行男・保崎秀夫・守屋国光（編）老化のプロセスと精神障害―老年心理学をめざして―　垣内出版　pp.23–72.

守屋国光　一九八五　老年心理学の方法論に関する一考察　老年心理学研究　**8**, 63–71.

守屋国光　一九八九a　老化と人間のあり方―老年心理学研究の方法論をめぐって―　糸魚川直祐・北原隆（編）　応用心理学講座12　生命科学と心理学　福村出版　pp.257-273.

守屋国光　一九九〇　障害児教育における CURE と CARE の問題　大阪教育大学障害児教育研究紀要　**12**, 113-120.

守屋国光　一九九三　障害児教育における CURE と CARE の問題（Ⅱ）大阪教育大学障害児教育研究紀要　**15**, 1-8.

守屋国光　一九九三　発達人間学の性格と課題―聴覚障害児教育における生涯発達的観点の検討―　ろう教育科学 **35**, 73-97.

Moriya, K. 1971 A discussion of the biological model of developmental rotation. *Journal of Child Development*, **7**, 35-47.

Moriya, K. 1973a A correlation study of the developmental rotation. *Japanese Psychological Research*, **15**, 40-44.

Moriya, K. 1973b A further discussion of the biological model of developmental rotation. *Journal of Child Development*, **9**, 10-15.

Moriya, K. 1975 Attitudes toward the future: A comparative study of younger and older samples. *Journal of Child Development*, **11**, 39-44.

Moriya, K. 1978 Older people's attitudes toward the future. 老年心理学研究　**4**, 37-43.

Moriya, K. 1979 Time changes of attitudes toward the future among younger people. *Journal of Child Development*, **15**, 33-39.

村上　仁　一九六三　異常心理学（改訂版）　岩波全書　岩波書店

Portmann, A. 1951 *Biologische Fragmente zu einer Lehre vom Menschen*. Basel: Verlag Benno Schwabe & Co.（高木正孝訳　一九六一　人間はどこまで動物か―新しい人間像のために―　岩波新書　岩波書店）

Quetelet, L.A.J. 1835 *Sur l'homme et le développement de ses facultés, ou essai de physique sociale*. Paris: Bachelier, 2 vols.（平貞蔵・山村喬訳　一九三九　人間に就いて　上・下　岩波文庫　岩波書店）

Sanford, E.C. 1902 Mental growth and decay. *American Journal of Psychology*, **13**, 426–449.

Sarbin, T.R. 1952 A preface to a psychological analysis of the self. *Psychological Review*, **59**, 11–22.

Schneider, K. 1936 *Psychiatrische Vorlesungen für Ärzte*. 2 Verlag. Leipzig: Georg Thieme Verlag.（西丸四方訳　一九七七　臨床精神病理学序説　みすず書房）

Stagner, R. 1988 *A history of psychological theories*. New York: Macmillan Publishing Co.

よ

ら

り

る

れ

ろ

わ

ね

の

は

す

せ

そ

索　引

著　者
守屋國光（もりや　くにみつ）
桃山学院教育大学教育学部教授
大阪教育大学名誉教授
大阪総合保育大学名誉教授
学術博士

新版 未来分析　健全に苦悩するために
二〇二〇年三月二六日　初版第一刷発行
著　者　守屋國光
発行者　風間敬子
発行所　株式会社 風間書房
101-0051　東京都千代田区神田神保町一-三四
電　話　〇三-三二九一-五七二九
FAX　〇三-三二九一-五七五七
振　替　〇〇一一〇-五-一八五三
印刷・製本　藤原印刷

PRINCIPLES OF FUTURE-ANALYSIS new edition.

First published in 2020 by Kazama Shobo Co., Ltd.
ISBN978-4-7599-2326-1　NDC 分類：371.4　Printed in Japan